LETTRE
A L'AUTEUR ANONYME
DE DEUX PRÉTENDUS EXTRAITS

INSÉRÉS dans le Journal des Savans des mois de Nov. & Déc. 1773.

PUBLIÉS

CONTRE LE PLAN GÉNÉRAL ET RAISONNÉ
du Monde Primitif analyst & comparé avec le Monde moderne,

ET

CONTRE LES ALLÉGORIES ORIENTALES
ou le Fragment de Sanchoniaton, &c.

PAR M. COURT DE GEBELIN.

Non ego mordaci diftrinxi carmine quemquam. Ovid. Trift. L. II. 563.

A PARIS,

De l'Imprimerie de VALLEYRE l'aîné, Imprimeur-Libraire, rue de la vieille Bouclerie, à l'Arbre de Jeffé.

M. DCC. LXXIV.

LETTRE

A L'AUTEUR ANONYME

DE DEUX PRÉTENDUS EXTRAITS

DU MONDE PRIMITIF.

» J'Avois réfolu, Monfieur, de garder le filence, (1) parce que mon deffein
» n'eft pas de m'engager dans aucune *difpute* littéraire, & que j'aime beaucoup
» mieux m'aprocher de mon but, que de m'arrêter ainfi dans la route.... Mais
» comme on fait naître des difficultés pour avoir le plaifir de les combattre,
» qu'on me fait dire ce que je n'ai pas dit, qu'on déguife en plufieurs occa-
» fions la vérité, & que par-là on ne laiffe pas que d'en impofer à la partie
» du Public qui n'entreprend pas d'examiner à fond cette matiere, j'ai cru
» devoir répondre en peu de mots, afin de détruire les impreffions que *vos*
» *Extraits* peuvent faire naître.

» Je cherche la vérité fans détours : je ferai charmé que mes obfervations
» fe trouvent fondées ; mais fi par hazard je venois à en découvrir le faux,
» je ferois le premier à m'en défifter. Je recevrai avec plaifir les avis *folides*
» dont on voudra bien me faire part : j'en ferai ufage ; mais, je le répete, je
» ne veux point combattre perpétuellement des réflexions trop *précipitées* & qui
» n'ont point été *méditées.*

Je penfe comme M. de Guignes, & c'eft avec beaucoup de regret que je
vais confacrer à la défenfe de mon ouvrage, un tems qu'il m'eût été plus agréable d'employer plus utilement & pour les autres & pour moi.

---

(1) Réponfe de M. de Guignes aux doutes propofées, &c. Paris, chez Michel Lum-
bert, 1757.

A

Si le défir & l'efpérance de contribuer par mes recherches à l'accroiffement des connoiffances humaines, ne me font pas illufion, je crois pouvoir dire que tout vous apartient, Monfieur, dans l'idée que vous voulez donner au Public du *Monde primitif*. L'ouvrage eft par-tout en contradiction avec vos Extraits; & je ne connois aucun Écrivain verfé dans ces matieres, qui ne me paroiffe avoir contredit d'avance le jugement que vous en avez porté. Cependant je n'en veux rien conclure contre votre critique; il eft poffible que je me fois mal exprimé, ou que j'aye mal faifi l'efprit de nos Maîtres dans ce genre de littérature & d'érudition. Mais comme il m'en couteroit, je l'avoue, pour facrifier fans examen le travail de toute ma vie, vous ne trouverez pas mauvais fans doute, que je faffe devant le Public une efpéce de recenfement des principes que j'ai fuivis: peut-être ferai-je affez heureux pour qu'il m'affermiffe dans une route où vous ne montrez que des fujets de découragement.

J'ai raffemblé beaucoup de matériaux fans autre deffein que celui de me rendre utile: dois-je fupofer que c'eft auffi pour vous rendre utile que vous avez raffemblé contre moi tous les traits de la cenfure la plus aigre & la moins inftructive? Vous averiffez le Public dans vos deux Extraits, que je fuis *ignorant*, *préfomptueux*, dominé par une *imagination* qui *m'égare fans ceffe*; que *tout mon travail* n'eft propre qu'à jetter *du ridicule fur la bonne érudition*; enfin, que je fuis un *enthoufiafte*, un *vifionnaire*, & que *le fimple expofé de mes idées, en eft la réfutation*. Je vais tâcher de mettre nos Lecteurs en état d'aprécier le fervice que vous avez voulu leur rendre.

LANGUE PRIMITIVE.

La Langue qu'ont parlé les premiers hommes ne peut être diftinguée plus clairement de toutes les autres, qu'en la nommant *Langue Primitive*. Si cette Langue s'étoit confervée toute entiere chez un Peuple connu, elle n'auroit rien perdu de fon antériorité; ainfi quoique ce fût une Langue actuellement parlée, il faudroit encore la nommer *Langue Primitive*.

Si en examinant les mots effentiels des Langues mortes & des Langues vivantes, on parvenoit à découvrir qu'en tout tems & par-tout, ces mots ont eu & ont encore à peu près le même fon, & qu'ils ont confervé le même fens; que les altérations qu'ils ont reçues chez les différens Peuples font fondées fur le génie de la Langue compofée qu'ont parlé ou que parlent encore ces Peuples, ne feroit-il pas évident que la *Langue Primitive* a toujours exifté, qu'elle exifte aujourd'hui, quoique difféminée entre toutes les Nations; qu'il suffiroit de raffembler les mots épars qu'ont employés les premiers hommes , & qui fervent de bafe à toutes les Langues connues, pour former le Vocabulaire de la Langue Primitive ? J'ai ofé le penfer, j'ai ofé le dire, j'ai ofé promettre de donner ce Vocabulaire.

Pour vous, Monfieur, vous avez pris une route plus courte, moins fatiguante. *Nous ofons le dire*, ce font vos propres termes, *l'intelligence de SA Langue Primitive* & de fon Génie Allégorique, ne font *que de pures imaginations.* Duffiez-vous encore m'accufer de *préfomption*, je vous avouerai que, malgré la confiance avec laquelle vous dictez au Public le Jugement qu'il doit porter, mes efpérances font toujours les mêmes. J'ajouterai de plus, qu'elles fe font fortifiées par l'attention , je pourrois peut-être dire , par la prudence avec laquelle vous attaquez tout dans vos deux Extraits, fans jamais entrer en *preuves*, fans vous expofer même à entrer en difcuffion fur rien. Je crois devoir fuivre, en me défendant, une méthode plus modefte & plus perfuafive. Voici ma profeffion de foi & fes garants.

» *Toutes* nos Langues, *depuis l'Océan jufqu'au Japon*, offrent les *veftiges* d'une ancienne Langue *répandue dans toutes ces Contrées...* Ainfi les mots communs aux Bretons, aux Germains, aux Latins, aux Grecs, aux Efclavons, aux Finnons, aux Tartares, aux Arabes, &c. & *le nombre en eft grand*, font *un refte* d'une Langue ancienne *commune à tous ces Peuples* : enforte qu'on eft forcé de convenir qu'il y eut un tems où l'*Europe & l'Afie* ne formerent qu'un feul Empire où l'on parloit la même Langue, ou plutôt que TOUS LES PEUPLES n'ont été que des Colonies *d'une même fouche* ».

» On peut divifer *toutes les Langues* d'Europe & d'Afie en deux grandes Claffes; les *Japhétiques* & les *Araméennes.* Les premieres renferment *toutes* celles de l'Europe & du Septentrion de l'Afie : les fecondes font les Langues du Midi. Ainfi les Langues Arabe, Syriaque, Chaldaïque, Hébraïque, Punique, Ethiopienne, Egyptienne, Perfanne, Armenienne & Georgienne *font fœurs* (1). «

Il eft vrai que la Langue primitive n'exifte nulle part; » mais on en trouve » les *débris* & les *reftes* dans *toutes* les Langues (2) ».

» L'Hébreu fe parle encore & fe publie dans une infinité d'Ouvrages par

---

(1) Mifcellan. Berolin. T. I. Effai fur les Origines des Peuples *par la Comparaifon des Langues*, de LEIBNITZ.

(2) GROTIUS, Comment. fur la Gen. Ch. XI. 15.

» ſes dialectes, le Syriaque, le Chaldaïque, le Cophte, l'Ethiopien, qui en
ſont ſi peu différens que le nom de Chaldéen leur eſt commun à tous..... Il
ne faut que médiocrement d'eſprit & une attention peut-être un peu plus que
médiocre, pour entendre toutes ces Langues l'une par l'autre. » (1).

» Les Langues Phénicienne, Syrienne & Grecque, ne ſont que des Dialectes *d'une Langue générale*, répandue autrefois *dans l'Orient & en Afrique* ;
& qui, ſuivant la diverſité des pays, a pris le nom de Langue Phénicienne,
Punique, Syriaque, Chaldaïque, Palmyrenienne, Hébraïque, Arabe,
Ethiopienne.... Je ne crains pas d'avancer que la conformité de la Syntaxe
Égyptienne, avec celle des autres Langues de l'Orient, eſt très-grande..... Il
y a donc *une chaîne* qui aboutit de la Chine à l'Égypte, & qui de-là ſe replie
dans la Phénicie, dans la Gréce, & *peut-être plus loin* encore. » (2).

» Si l'on trouve des veſtiges de tous ces Dialectes Orientaux (les Langues
de Lydie, de Phrygie, de Phénicie, d'Egypte, de Syrie, &c.) dans la
Langue Étruſque, on doit les raporter à la *Langue Primitive* dont les ſemences
ſe répandirent de tous côtés & dans toutes les Contrées du Monde. » (3).

» On ne peut douter que *la premiere Langue* n'ait été *très-ſimple* & ſans
aucune compoſition. Il ſemble que toutes ces qualités conviennent mieux à la
Langue Hébraïque qu'à aucune autre : car les mots de cette Langue n'ont jamais dans leur origine plus de trois lettres ou de deux ſyllabes ; & il y a même
de l'aparence qu'il y avoit dans les commencemens beaucoup plus de monoſyllabes. On commença à dire *had* (un) au lieu qu'on dit maintenant *ahad*....
La Langue Hébraïque eſt plus ſimple que l'Arabe & le Chaldéen, & ces
deux dernieres ſont plus ſimples que la Grecque & la Latine..... Pourvû qu'on
diſtingue exactement les Lettres principales qui ont compoſé dans les commencemens chaque mot, d'avec celles qui y ont été ajoutées, *on remontera
AISÉMENT à la premiere Langue......* Si je ne craignois d'être trop long.....
je montrerois *par différens exemples*, de quelle maniere les Langues qui

---

(1) THOMASSIN, Méthode d'étudier & d'enſeigner les Langues. Paris 1693. T. I.
p. 36. 37.

(2) Mém. de l'Acad. des Inſcr. & Bel. Let. Tom. XXXII. Diſſ. de M. l'Abbé BAR-
THELEMY ſur le Raport des Langues.

(3) Traité de Jean-Baptiſte PASSARI ſur le Raport de la Langue Étruſque avec la
Langue Grecque, inſéré dans le ſecond Tome des Symboles Littéraires de Florence.

étoient fort simples dans leur origine, se font augmentées peu à peu. » (1).

» Les premiers hommes ont parlé vraisemblablement *par-tout* le premier jargon qu'ils avoient formé pour leur usage, & qu'ils ont apris à leurs enfans. Ce Langage *aussi ancien que le monde*, ces termes originaux, doivent donc *se retrouver chez tous les Peuples*, & les racines Hébraïques doivent être aussi *les racines de tout l'Univers* ».

» Un homme transplanté hors de sa Patrie, conserve jusqu'à la mort sa Langue maternelle.... Pourquoi ne dirions-nous pas des Peuples entiers, ce qui est si vrai à l'égard de chaque particulier : Ils ont porté avec eux dans leurs migrations *leur premier langage*, ces termes *courts*, simples, qui *peignent les sentimens & les objets*, que la Nature encore brute suggéroit aux premiers hommes & qu'ils ont transmis d'abord *à leurs enfans*. Ceux-ci les ont *différemment combinés* pour exprimer leurs nouvelles connoissances. ... *C'est ce qui fait encore aujourd'hui* LE FONDS *de toutes les Langues*. Le Genre-Humain, divisé en tant de Familles nombreuses, n'a point oublié l'ancien jargon de la Maison paternelle : il prononce dans sa vieillesse *les mêmes sons* qu'il a bégayés dans son enfance ».

» Ceci est une question de fait. Trouve-t-on.... dans le Grec, par exemple, dans le Latin, dans le François, *ces mots primitifs & monosyllabes* que je prétends être les vrais élémens de la Langue Hébraïque ? *Y conservent-ils le même sens, ou du moins un sens analogue ?* Si l'on peut le faire voir, la question est décidée ; ces mots sont *les restes précieux de la premiere Langue*, par conséquent *la clef de toutes les Langues du Monde*. Ils n'apartiennent pas plus à celle des Hébreux qu'à toute autre ; mais ils y sont plus reconnoissables, parce que l'Hébreu étant une des plus anciennes Langues, *elle aproche plus qu'une autre de la Langue Primitive.* » (2).

» Je ne saurois souscrire au sentiment de ceux qui croyent qu'à l'époque de la confusion universelle des Langues, il en naquit d'inconnues jusqu'alors, & qui n'avoient rien de commun avec la premiere ; car *l'examen des Langues démentre que les principales sont nées de l'ancien Hébreu*, par les raports qu'on aperçoit *entre la plûpart de leurs mots.* Il y a un autre sentiment beaucoup plus conforme aux loix de la Nature & adopté par les Savans. C'est que *la Langue*

---

(1) Hist. Crit. du V. T. par le P. Simon, Liv. I. Ch. IX.

(2) Elém. Primit. des Langues, par M. l'Abbé Bergier, I. Diss. §. V. Paris 1764.

Primitive ne fut point abolie, mais qu'elle se subdivisa en une multitude de Dialectes. » (1).

» Il n'existe aucune Langue qui n'ait droit *aux racines primitives* & qui n'en ait *conservé la valeur* : il n'en est aucune qui ait des mots radicaux qui n'apartiennent qu'à elle , & qui puisse dire , tel mot est à moi..... Toutes les Langues de l'Orient sont parfaitement semblables dans leurs racines aux Langues du Nord, de l'Asie & de l'Europe.... sans en excepter la Langue Chinoise elle-même.... Conformité d'autant moins surprenante , que la Nature produit elle-même ces *sons primitifs* dont la signification a le raport le plus intime avec les organes mêmes. » (2).

» L'examen ATTENTIF que j'ai fait de DIVERSES Langues.... m'a CONVAINCU que TOUTES ces Langues.... avoient une ORIGINE COMMUNE ; c'est-à-dire, que les Langues *descendent les unes des autres* d'une maniere indirecte. » (3).

Voilà , Monsieur , bien des Savans au nombre desquels il s'en rencontrera sûrement qui vous paroîtront mériter des ménagemens. Ne s'en trouvât-il qu'un seul , il m'assureroit le suffrage de tous , & le vôtre même ; parce qu'ils tiennent tous le même langage ; que ce langage est le mien ; & que vous ne pouriez désaprouver dans les uns, ce que vous aprouveriez dans un autre.

Au reste, pour vous épargner le désagrément de vous compromettre une seconde fois , je crois devoir vous prévenir, qu'après avoir attaqué mes Principes comme isolés & inconnus à tous les Savans , il ne vous suffiroit pas de traiter avec dédain Leibnitz , Grotius, Thomassin, Passari, le P. Simon , Henselius , Fulda, M. l'Abbé Barthelemi , M. l'Abbé Bergier, M. de Guignes. Je ne manquerois pas de vous oposer de nouveaux témoins qui déposeroient que ce n'est pas dans mon *imagination* qu'a germé pour la premiere fois l'idée d'une *Langue Primitive* ; & qu'en me l'attribuant exclusivement par cette expression *l'Auteur avec SA Langue Primitive* , vous donneriez lieu à des reclamations aussi nombreuses que justes. Vous pouvez vous en convaincre en par-

(1) HENSELIUS , Harmonie des Langues, seconde Edit. Nuremb. 1757. p. 27.

(2) FULDA , sur les deux Dialectes Primitifs de l'Allemand , & en Allem. in-4°. Leipsick 1773. §. 19. & 25.

(3) Mém. de l'Acad. des Inscr. & Bell. Lett. T. XXIX. Mém. de M. de GUIGNES pour établir que la Nation Chinoise est une Colonie Egyptienne.

courant la note que je mets ici sous vos yeux (†). Elle vous paroîtra peut-être longue & impofante : cependant je dois encore vous prévenir qu'il me sera fort aifé de la décupler. Je me borne, quant à préfent, à vous faire ces repréfentations au fujet de la *Langue Primitive* , fauf à y revenir, fi vous infiftez.

Génie Symbolique et Allégorique de l'Antiquité.

Lorfque vous avez annoncé dans le Journal des *Savans* du mois de Novenbre 1773 le Plan de l'Ouvrage intitulé *Monde Primitif* , ce *Plan* étoit l'unique objet , je ne dirai pas de votre critique, mais de votre cenfure. Subftituant l'idée d'un Ouvrage exécuté & livré au jugement du Public, à celle d'un *Plan* , vous avez trouvé mauvais que l'annonce du *Monde Primitif* ne contînt pas tous les *dévelopemens* que je me bornois à indiquer. J'avois cru caractérifer fuffifamment l'Antiquité Allégorique, en difant que » l'Allégorie.... fans multiplier les *fignes* , double nos connoiffances.... qu'elle les étend.... qu'elle s'élève à des *objets* que ces *fignes* feroient incapables d'exprimer par eux feuls ; qu'elle nous offre *fous l'écorce* d'un Monde *aparent* , un monde nouveau, infiniment *fupérieur au premier* , autant au-deffus de lui que l'*intelligence* eft au-deffus de la *fimple* vue ». Il faut que je me fois trompé bien groffiérement fur l'idée que je m'étois faite du *Plan* d'un ouvrage.

Ce ftyle énigmatique , dites-vous , *a befoin d'explication, & peu de Lecteurs entendront ce que l'Auteur veut dire.* Heureufement , vous vous placez à la tête de ces Lecteurs , qui , à force de pénétration , peuvent parvenir à m'entendre. *Nous penfons* , (c'eft-à-dire, *vous penfez* , & je pourrois ajouter qu'il ne s'agit que de *vous* , & que vous penfez feul) *nous penfons que l'Allégorie, loin de doubler nos connoiffances..... nous replonge dans l'ignorance.* Après cet aveu, croyez-vous, Monfieur, qu'il me fût bien difficile de vous conduire à avouer que *vous penfez* qu'on a retréci le cercle des connoiffances humaines, en faifant paffer prefque tous les mots de toutes les Langues connues, du fens *propre* , au fens *figuré* ?

» Comment ce Génie Allégorique a-t-il pu échaper , dites-vous , à tous

---

(†) Alvarez Semedo. Befold. Boxhornius. Bourguet. Cafaubon. Cluvier. Fourmont, Huet. Jablonsky. Junius. La Croze. Le Clerc. Maffon. Morin. Parfons. Pockocke. Pfeifer. Ravis. Rudbeck. Saumaife. Sharp. Tanzini. Wachter. Webb. Wictor Cajetan. Vitringa , &c. &c. &c. qui tous foutiennent l'exiftence d'une Langue Primitive, & crurent la trouver dans celles qui fubfiftent.

» ceux qui ont jufqu'à préfent travaillé fur l'Antiquité ? En le *dévelopant*, notre Auteur ne devroit-il pas fe mettre un peu plus à la portée de tout le monde ?... Prétendre découvrir ainfi tant de chofes dans l'Antiquité, n'eft-ce pas aller trop loin ? C'eft fe livrer à des conjectures *frivoles & hazardées*.... Son *imagination* lui fait apercevoir ce que les plus grands hommes... n'ont pu découvrir.... Toujours *myftérieux & envelopé*, il ne propofe que des chofes *à faire*, & n'indique rien.... Telles font les promeffes de l'Auteur qui ne veut point laiffer échaper *un feul mot* qui puiffe nous inftruire *d'avance*.... Peut-on, après les efforts *inutiles* des plus favans hommes, *s'exprimer avec tant de confiance ?* Le ton qui regne dans tout cet Ouvrage, eft bien éloigné *de la modeftie d'un vrai Savant*... nous ofons le dire : l'intelligence de sa *Langue Primitive* & de son *Génie Allégorique, ne font* QUE de PURES IMAGINATIONS.... L'Auteur fe flatte de pouvoir aller plus loin avec sa Langue Primitive & son Génie Allégorique. Mais en voilà *affez* fur cet Ouvrage ».

Je puis, Monfieur, vous donner ici une leçon très-fage par la bouche d'un homme célèbre & à qui vous donnez furement une place diftinguée parmi les *Savans*. Il avoit publié un Mémoire par lequel il annonçoit de grandes découvertes : il s'éleva contre lui, non pas un Cenfeur anonyme, mais un Adverfaire qui fe nomma. » M*** fe preffoit un peu trop, dit l'Auteur du Mémoire. » Il falloit attendre un ouvrage plus étendu que la petite Brochure que j'ai don- » née & qui n'eft qu'une annonce. C'eft comme fi, *d'après un Profpectus*, on » alloit *fe plaindre* qu'un Auteur *n'a pas donné la folution de toutes les difficul-* » *tés que préfente la matiere* (1).

Si je pouvois perdre de vue le fonds d'un travail que je crois devoir être de quelqu'utilité ; fi le refpect dû au Public me permettoit de n'envifager que vous dans cette Satyre, comme vous n'avez envifagé que moi en l'écrivant, vous feriez expofé à des repréfailles bien juftes, mais bien humiliantes. Comment ne vous êtes-vous pas aperçu que par votre maniere de me juger, vous déclariez ouvertement aux Savans de toutes les Nations, que vous n'ignorez rien de tout ce qui eft fû, que vous êtes en état de mefurer avec certitude tout ce qu'il eft poffible ou impoffible d'ajouter aux connoiffances acquifes : que l'étendue de vos connoiffances eft telle, que fur le fimple *plan*, fur la fimple annonce d'un Ouvrage, il ne vous manque rien pour l'apprécier, & pour affurer d'avance qu'il ne contiendra que des *conjectures* FRIVOLES & HAZARDÉES,

_____

(1) Rép. de M. de G u i g n e s aux Doutes, &c.

qu'il n'aura pour point d'apui *que de pures imaginations* ; que l'infaillibilité de ces décisions vous dispense d'en déveloper & même d'en déclarer les motifs; que vous vous sentez une supériorité assez marquée pour être en droit d'éxiger de vos Lecteurs, qu'ils oublient qu'un très-grand nombre d'hommes savent ce que vous affirmez que jamais personne n'a sû ni ne pourra savoir. Il ne seroit que trop aisé de faire sentir combien *ce ton est éloigné de la modestie d'un vrai Savant*, & que quand on *ose* le prendre, il faudroit être moins *mystérieux*, moins *envelopé*, dicter ses arrêts avec moins de *confiance*, & se résoudre *à laisser échaper quelques mots qui pussent instruire d'avance* les Lecteurs. Mais le Public ne retireroit aucun avantage de ces représailles, au lieu qu'il a beaucoup d'intérêt à savoir si le Génie Allégorique est, comme vous l'affirmez, une clef inconnue jusqu'à présent, & dont le besoin ne se soit jamais fait sentir à ceux qui ont cherché à pénétrer dans les avenues de l'Antiquité. Ceci est une question de fait : vous affirmez ce fait, je le nie ; le Public décidera.

Je ne tirerai aucun avantage des autorités que j'ai employées depuis la page 33. jusqu'à la page 64. de la Dissertation sur le Génie Allégorique que j'ai publié au mois de Juillet de l'année dernière. Il est juste de vous laisser le plaisir de dicter aux Savans de l'Europe ce qu'ils en doivent penser. Je me borne donc à vous indiquer le nom des Auteurs qui sont mes garans (†), & je me contenterai de remettre sous vos yeux le précis de quelques autorités que vous trouverez avec plus d'étendue dans ma Dissertation.

» Les Allégories Grecques renferment une Philosophie réelle.... Elles *dévoilent* les mystères de la *Nature*...& fournissent un grand nombre de sujets de morale. » (1).

» Si Homère n'a pensé, à l'égard des Dieux, que ce qu'il dit...c'est un impie, un sacrilége, un enragé : c'est un vrai Salmonée & un second Tantale.... Ne prenons donc point pour guide les *ignorans qui ne se doutent point du* GÉNIE ALLÉGORIQUE d'Homère... qui s'arrêtant à *l'écorce de la fable*, ne sont jamais parvenus à connoître *la Philosophie sublime qu'elle renferme*. » (2).

(†) Parmi les Anciens, DENYS d'Halicarnasse, PLUTARQUE, STRABON, DION Chrysostôme, PHURNUTUS, SALLUSTE le Philosophe, CLÉMENT d'Aléxandrie ; plusieurs Peres de l'Eglise ; MAIMONIDES. JOSEPHE, les Stoïciens. Parmi les Modernes, le Chancelier BACON, BLACKWELL, l'Abbé CONTY, l'Abbé BERGIER, le P. HOUBIGANT, M. FORBES, &c. &c.

(1) Denys d'Halicarnasse.

(2) HERACLIDES, entre les petits Mythologues.

» On doit *ramener à la vérité* tout ce qu'on a dit *de fabuleux fur les Dieux....* Les *Anciens* n'étoient pas des hommes *d'une fageffe ordinaire....* Ils avoient fait une étude profonde *de la Nature*, & le choix le plus heureux des *Symboles* & des *Énigmes* les plus propres *pour en parler en Philofophes.* » (1).

» Les Fables, pareilles aux biens fenfibles, *font pour le Vulgaire* & les *Artifans* ; au lieu que l'intelligence... des myfieres que renferme la Théologie *Symbolique* eft réfervée *aux Sages.* A proprement parler, le Monde lui-même n'eft qu'une *Allégorie* ; car il eft compofé de corps & d'efprits : les corps fe voient ; mais les efprits font invifibles, & on ne les connoît que par l'étude (2).

» *L'Antiquité Primitive*, relativement au tems, mérite la plus haute vénération ; & relativement à fa manière d'enfeigner, elle mérite notre admiration, renfermant *dans l'Allégorie*, comme dans une riche caffette, *tout ce que les fciences ont de plus précieux*, & devenant par cette Philofophie *la gloire du Genre-Humain....* Je regarde ces *Allégories* comme la connoiffance la plus excellente après la Religion.... J'avoue fans peine, que je fuis *perfuadé* que *dès leur origine les Fables anciennes* furent *allégoriques....* Si quelqu'un *s'obftine* à n'y *vouloir* rien apercevoir de pareil, nous ne le tourmenterons point pour penfer comme nous ; mais nous le plaindrons d'avoir *la vue fi trouble* & *l'entendement fi bouché & fi lourd.* » (3).

» Les Fables font de *pures Allégories*... c'eft *l'Hiftoire Naturelle*... déguifée fous des expreffions dont on ne comprit pas enfuite le fens, ou dont on abufa volontairement.... Une phyfique groffière, les équivoques & l'abus de l'ancien langage font les feules reffources qui reftent pour débrouiller le cahos de la Mythologie. » (4).

Dans ma Differtation fur *le Génie Allégorique des Anciens*, j'aurois pu produire un bien plus grand nombre de Partifans de cette opinion qui vous paroît fi nouvelle & fi méprifable ; je pourrois revenir fur cet article & les apeller tous à mon fecours : mais il fera, fans doute, plus amufant pour vous d'avoir fous les yeux quelques nouvelles autorités tirées des Anciens & des Modernes. Elles fuffiront, je l'efpere, à quantité de Lecteurs éclairés : cependant, comme

(1) PHORNUTUS, &.
(2) SALLUSTE le Philofophe.
(3) Le Chancelier BACON.
(4) M. l'Abbé BERGIER.

J'ai fort à cœur de ramener, s'il est possible, un adversaire tel que vous, je puis vous promettre que si ce que vous allez lire ne suffisoit pas, il me seroit aisé d'invoquer de nouveaux témoignages.

» Tellus (c'est-à-dire, *la Terre cultivée* ,) est apellée Ops pour désigner la fécondité qu'elle acquiert par les travaux des hommes : *Mere des Dieux* & Grande-Mere, parce qu'elle est la source de toute nourriture.... Les tours qu'elle porte sur la tête représentent les Villes.... Si elle est servie par des Prêtres eunuques, c'est pour aprendre aux hommes que, pour avoir des grains & des semences, il faut cultiver la Terre, parce que tout se trouve dans son sein; & s'ils s'agitent & se trémoussent sans cesse en sa présence, c'est pour marquer que le travail de la Terre ne permet pas d'être un moment dans l'inaction. Le son de leurs cymbales représente le bruit des outils du labourage ; & afin de le mieux imiter, elles sont d'airain, comme ils étoient dans l'origine. Les Lions aprivoisés qui la suivent, aprennent aux hommes qu'il n'y a aucune Terre qui ne puisse être domptée & mise en valeur. » (1).

» Proserpine est la puissance *qui dévelope les semences* : Pluton est le *Soleil d'Hyver*, qui emmene avec lui Proserpine & qui oblige ainsi Cérès à *la chercher.* » (2).

» Celui qui prétend qu'elle fut enlevée par Pluton, n'enseigne pas que ce fut par une passion honteuse ; mais que quand on a confié les semences à la Terre, la Nature & le Soleil d'hyver, d'accord en cela, comme s'ils étoient unis par les liens du mariage, les rendent féconds. » (3).

» La Philosophie des Égyptiens couvroit plusieurs mystères *sous le voile des Fables* & sous des propos (4) qui obscurément montroient & donnoient à voir à travers, la vérité; comme eux-mêmes donnent taisiblement à entendre quand ils mettent devant les portes de leurs Temples des Sphinx, voulant dire que toute leur Théologie contient, sous paroles énigmatiques & couvertes, les secrets de Sapience... Quand donc tu entendras parler de certaines vagabondes *pérégrinations & erreurs* & *démembremens* & *telles autres fictions* , (les voyages d'Isis, d'Osiris, de Cérès, les mutilations d'Osiris, de Cœlus, des enfans de Saturne,) il te faudra souvenir de ce que nous avons dit, & estimer

---

(1) Passage de Varron, rapporté par S. Augustin, Liv. VII. de la Cité de Dieu.

(2) Porphyre, cité par Eusebe, Prép. Evang. Liv. III.

(3) Discours des Payens dans Arnobe, Liv. V. p. 171. Anvers 1604.

(4) Plutarque, dans son Traité d'Isis & d'Osiris, Traduct. d'Amyot,

» qu'ils ne veulent pas entendre *que jamais rien ait été de cela ainsi*; ni *qu'il ait oncques été fait*. Car ils ne disent pas que Mercure proprement soit un chien, ains la nature de cette bête qui est de garder, d'être vigilant, sage à discerner & chercher, estimer & juger l'ami ou l'ennemi, celui qui est connu où inconnu ; suivant ce que dit Platon, ils accomparent le chien au plus docte des Dieux. Et si ne pensent pas que de l'écorce d'un alisier sorte un petit enfant ne faisant que naître ; mais ils peignent ainsi *le Soleil levant*, donnant à entendre *sous cette figure couverte*, que le Soleil sortant des eaux de la mer, se vient à rallumer.... Et en écoutant donc & recevant ainsi ceux qui t'exposeront *sainctement & doctement la Fable* (*Mython*).... tu éviteras par ce moyen la *superstition*, laquelle n'est point *moindre mal* ni péché, que l'impiété de ne croire point qu'il y ait des Dieux ».

« Tout le monde sait (1) qu'il y a deux manieres d'enseigner la vérité aux hommes ; l'une *couverte & mystérieuse*, l'autre dévoilée & toute simple. Les Anciens étoient *idolâtres* de la premiere ; nous nous sommes déclarés pour la seconde..... Il est certain que dans les *premiers tems*, tout ce qu'il y avoit de plus excellens Ecrivains, *dans quelque genre que ce pût être*, aimoient à *déguiser* leurs enseignemens sous des *fictions* agréables & ingénieuses. Non-seulement les Auteurs profanes, *mais les Auteurs sacrés*, en ont usé de la sorte : l'Ecriture *est pleine* de paraboles & de figures...»

« Si l'on recherche quel pouvoit être le principe de cette *passion* que les Anciens avoient pour les *allégories* & les fictions, on trouveroit qu'elle venoit *d'une grande connoissance de la Nature*.... Ils s'accommoderent à notre foiblesse.... Ils nous présenterent le faux *en apparence*, & le vrai *dans le fonds*.... C'est par cette raison qu'Homère, celui de tous qui a le mieux connu le cœur humain, a rempli ses ouvrages *d'un si grand nombre d'allégories*. Nous avons l'intelligence des plus considérables. *Qui ne voit* que cette merveilleuse chaîne d'or avec laquelle Jupiter se vante *d'enlever le Ciel & la Terre, les Dieux & les hommes*, nous marque la disproportion infinie de tous les êtres réunis ensemble, à l'Etre Souverain ; que les disputes & les dissensions éternelles des Dieux, nous représentent cette opposition & cette guerre qui se trouve entre les premiers principes dont tous les corps sont composés ?..... S'il y en a quelquesunes que nous n'entendons pas aujourd'hui, n'en accusons pas ce grand Poëte, qui étoit intelligible de son tems : craignons qu'il n'y ait en cela plus de *notre*

---

(1) M. l'Abbé Massieu, *Mém.* de l'Acad. des Bell. Let. T. II. p. 30.

„ *ignorance* que de fa faute. Reconnoiſſons du moins *de bonne ſoi* qu'il a prétendu *cacher* un ſens *ſous ces dehors*, & que *ſon intention n'a jamais été* qu'on
prît *à la lettre* des aventures *ſi manifeſtement fabuleuſes*. Les Poëtes qui ſont
venus depuis‧, ſe ſont formés ſur ce grand modèle; & à ſon exemple, ils ont
enfermé dans des *fictions* preſque tous les ſecrets de la *Théólogie*, de la *Mó-
rale*‑& de la *Phyſique* : mais en ſe ſervant de ces fictions, ils n'ont eu en vue
que la vérité. »

« Ce n'étoit point pour ſe cacher (1), c'étoit plutôt pour ſe faire mieux entendre, que les Orientaux employoient leur ſtyle figuré, les Egyptiens leurs
hieroglyphes, les Poëtes leurs images, & les Philoſophes la ſingularité de leurs
diſcours. Nous trouvons *dans le témoignage des Ecrivains*, les raiſons natu-
relles de ces façons de penſer, qui, mal-à-propos, nous paroiſſent remplies
de myſtères. Les Orientaux parloient, & parlent encore aujourd'hui un langage figuré, parce que c'eſt leur langage ordinaire : le climat qu'ils habitent‧
tournant leur génie & leur goût du côté de l'*allégorie* & de la parabole. Les
Egyptiens employoient leurs hiéroglyphes pour repréſenter leurs idées, indépendamment de la parole, & pour rendre leurs ſciences & leurs découvertes
d'un uſage plus général dans des lieux & dans des tems où leur Langue auroit
pu n'être pas entendue. Le langage des Poëtes eſt dans ſon origine une maniere agréable d'inſtruire le Peuple, & de lui faciliter par des images l'inrelli-
gence de la Religion, de la Morale & de l'Hiſtoire. Les Philoſophes uſoient
auſſi de ſymboles pour mieux approfondir la Religion & la Nature, & pour
les expliquer enſuite aux autres d'une maniere plus ſenſible. »

„Qu'il y ait eu de l'hiſtorique dans la Mythologie Egyptienne (2), qu'il y
ait eu du Phyſique, du Moral, bien loin de nous en défendre, nous croyons
que cela n'a pas beſoin de preuve; mais nous croyons en même tems que ſi le
récit Egyptien s'adapte plus naturellement aux idées coſmologiques qu'à toutes
les autres, on doit en conclure que les *ſymboles* ont *été inventés pour elles
dans l'origine*, & qu'ils n'ont été appliqués aux autres objets que par analogie. »

« Un ſiécle environ avant Alexandre (3), la Philoſophie commença à faire
retourner les Egyptiens ſur leurs pas. La divinité fut ôtée aux animaux, qu'on

---

(1) M. DE LA NAUZE, Mém. de l'Acad. des Bell. Let. T. IX. p. 37.
(2) Hiſt. des Cauſes premieres, par M. l'Abbé BATTEUX, Paris 1769 p. 65.
(3) Ib. p. 86.

» réduiſit à la ſimple qualité de ſymboles . . . . . Tout ce vaſte édifice de fables, d'allégories, de ſymboles, s'évanouit comme un enchantement. »

La Théologie d'Héſiode *n'eſt autre choſe qu'une Coſmogonie* (1) . . . . *Du cahos ſortirent l'Erebe & la Nuit; & du commerce de l'Erebe avec la Nuit naquirent l'Æther & le Jour . . . . La Terre engendra le Ciel. . . . Elle engendra enſuite les hautes montagnes. . . Il eſt inutile d'avertir que ces naiſſances prétendues ne peuvent être autre choſe que le développement ſucceſſif des parties du cahos préſentées ſous la forme poëtique d'actions & de perſonnages.*

M. l'Abbé BATTEUX rapporte enſuite la guerre des *Géans* & la victoire de *Jupiter.* « C'eſt, dit-il (2), le tableau du Monde même, ordonné comme il l'eſt, & conſervé dans ſon état, par l'action & la ſageſſe de Dieu. Le Poëte uſant des priviléges de ſon art, a peint les forces mouvantes de la Nature & les attributs de Dieu ſous des formes humaines, parce que ſans cela, la peinture des actions eût été impoſſible. »

C'eſt d'après ces principes lumineux & ſi conformes à la droite raiſon, que ce ſavant Académicien explique la Mythologie des Egyptiens ſur Oſiris, Iſis & Typhon, ainſi que celle des Grecs ſur les cauſes premieres.

Telle étoit auſſi la façon de voir & de juger du ſavant FRERET : il expliquoit, d'après les mêmes principes, la Mythologie Egyptienne. « Les Poëtes Grecs ont célébré les conquêtes de Bacchus (3); ils ſuppoſent qu'il *a ſoumis le Monde entier,* moins par la terreur de ſes armes (car ils lui donnent des ſoldats peu redoutables,) que par la douceur de ſa muſique & par les charmes d'un breuvage dont les hommes ignoroient alors le pouvoir. C'étoit par-là qu'il les avoit obligés de ſe ſoumettre à lui, & de recevoir les loix qu'il leur dictoit, & par leſquelles il les retiroit de cette barbarie dans laquelle ils avoient vécu avant lui. »

« *Il eſt aiſé de voir* qu'il n'y a là-dedans qu'*une fable morale,* inventée *pour* exprimer d'une maniere poëtique & *allégorique,* que le *bonheur des hommes dépend de leur union en diverſes ſociétés politiques.* Le vin, qui fait le charme des repas, & qui, pris avec ſageſſe, eſt le plus ſûr reméde de tous les chagrins, eſt un *ſymbole* bien naturel des avantages que trouvent les hommes dans une liaiſon qui aſſure le repos public & le bonheur des Particuliers.

---

(1) *Ib.* p. 170. *& ſuiv.*

(2) *Ib.* p. 177.

(3) Nouv. Obſerv. de M. FRERET contre le Syſt. Chron. de M. Newton, p. 321.

« La superstition des Peuples (1) , & les fictions extravagantes de la Poësie folle des Orientaux , avoient *ensuite personifié* ces êtres *métaphysiques*, & les avoient représentés *sous des images allégoriques.* »

« Dès le tems de Plutarque (2), il y avoit des Gens en Egypte qui regardoient ces fables religieuses *comme une ancienne histoire*, altérée par la tradition qui en avoit altéré les événemens , en attribuant aux Dieux les aventures de quelques-uns des anciens Rois : mais Plutarque nous apprend aussi que cette explication *étoit rejettée* par les gens religieux, comme une doctrine impie. »

Il doit m'être permis de croire, Monsieur, que si je publiois des faits si contraires à vos décisions, sans vous avertir que je copie les expressions d'hommes célèbres que les Savans sont accoutumés à respecter, vous feriez imprimer que je suis en délire; l'épithète de *visionnaire* vous paroîtroit trop douce & trop foible. Je ne puis cependant résister au besoin de vous mettre encore en regard avec M. Freret : ma citation sera longue, instructive, & par conséquent désagréable ; il est fâcheux que vous l'ayez rendue nécessaire.

« Outre les deux premiers principes, *Osiris* & *Isis* (3) , les Egyptiens en reconnoissoient un troisième qu'ils apelloient *Seth*, *Bebon* & *Smu* : les Grecs l'apelloient *Typhon*. Plutarque nous aprend que tous ces noms marquoient *la destruction*, *la violence*, *la corruption*, *la résistance au bien & à l'ordre*. Typhon étoit frere d'Osiris & d'Isis , ce qui marquoit le vice radical inhérent à la matiere , l'imperfection nécessairement attachée aux êtres produits. »

« Typhon, ou *le principe de l'imperfection*, épousa sa sœur *Nephté* .... & Plutarque nous apprend que Nephté signifioit, en Egyptien, *la fin*, *la destruction*, *ou la mort....* Devenue amoureuse d'Osiris ... & se faisant passer pour Isis, elle l'amena dans son lit. Typhon le croyant outragé, ôta la vie à Osiris & mit son corps en piéces. Il tua Orus (fils d'Osiris & d'Isis), & demeura maître de l'Univers, obligeant même Isis de se soumettre à lui, & de reconnoître son pouvoir. »

« Cette fable est *manifestement* un récit *allégorique* de la destruction de l'ancien Monde, qui a précédé celui où nous sommes. Les amours de Nephté & d'Osiris, ou l'union du principe démiourgique avec la matiere impure & inca-

---

(1) *Ibid.* p. 333.
(2) *Ibid.* p. 363.
(3) *Ibid.* p. 310. *& suiv.*

» pable d'arangement organique, *marquent le commencement de l'altération arri-*
vée dans l'économie de l'Univers. Par cette altération, les mouvemens devinrent moins réguliers, & l'harmonie & le concert de toutes ses parties furent
détruites. .... *La contrariété & l'irrégularité des mouvemens détruisant l'harmo-*
nie, toutes choses tombèrent dans le cahos. Le corps d'Osiris fut mis en piéces ;
Typhon ôta la vie à Orus, & détruisit l'ordre & l'arrangement de l'Univers ;
après quoi, Isis ou la matiere fut contrainte de se soumettre aux loix de Typhon. »

« Isis . . . chercha les parties du corps d'Osiris éparses dans l'Univers.... :
mais ses efforts furent inutiles. ... Celles qui sont le principe des productions
& des générations avoient été jettées dans le Nil.....

« Osiris revint des Enfers, & rapellant Orus à la vie, lui donna des armes
pour combattre & vaincre Typhon, c'est-à-dire que *la force de l'intelligence*
démiourgique ayant repris ses droits, *elle fit cesser le desordre,* & rendit à l'U-
nivers *sa beauté & son harmonie.* Orus surmonta Typhon ; mais il ne put le
détruire ; il l'enchaîna seulement, & Isis lui ayant donné les moyens de se
sauver, il demeura caché dans l'Univers, & il ne cessa d'en troubler l'ordre &
l'harmonie. ...Orus irrité contre Isis . . . lui ôta le diadême dont Osiris l'a-
voit ornée. Anubis, fils d'Osiris & de Nephté . . . essaya de réparer cet outrage
& lui donna un diadême formé d'une tête de bœuf. *Cela veut dire que la Terre,*
depuis qu'elle avoit été soumise à Typhon, avoit perdu sa fertilité primordiale.
Au lieu que dans l'ancien Monde, elle produisoit d'elle-même & sans culture,
des fruits propres à nourrir les hommes, (ce que marquoit la couronne de *Lo-*
tos,) ; elle ne leur en donna plus que par le moyen du travail..... *La tête de*
bœuf qu'Anubis lui donna pour diadême, est un emblême du LABOURAGE. »

« La partie du corps d'Osiris jettée dans le Nil, lui avoit communiqué
quelque chose de sa vertu ; *& c'est de-là que venoit la prodigieuse fertilité des*
terres sur lesquelles ses eaux se répandoient. C'étoit *un reste* de la fertilité *de*
l'ancien Monde. »

« C'est ainsi, disoit M. Freret, qu'on doit expliquer la *Cosmogonie Poëtique*
des Egyptiens, autant qu'il est possible de la concevoir, en perçant à travers *les*
emblêmes qui la couvrent. C'étoit aussi par-là qu'ils essayoient de rendre raison
de l'origine du mal physique & moral, & de l'état actuel d'imperfection dans
lequel se trouve l'ouvrage d'un être également sage & bienfaisant.... »

« Telle étoit en général la Théologie sublime des Egyptiens, & la Cosmogonie *enveloptée* sous les ALLÉGORIES dont les Prêtres Egyptiens *couvroient* jusqu'aux choses *les plus communes*.... »

» Les

« Les Cofmogonies des Philofophes religieux des Nations Orientales , ne fupofoient pas feulement l'action générale de la fuprême intelligence dans la production , & dans la formation primordiale de l'Univers. Elles fupofoient encore que toutes les productions & les formations particulieres , étoient une continuation & une répétition de cette action primordiale. Il eft vrai que ces *Cofmogonies* ne font venues jufqu'à nous que *fous l'enveloppe des* ALLÉGO-RIES & *des fictions poétiques dont l'imagination enflammée des* hommes de ces pays, AIME A REVÊTIR les objets les plus fimples. C'eft pour cela qu'elle repréfente l'action du fouverain Être *dans la production de l'Univers* , non comme une *création* , idée philofophique fur laquelle l'imagination ne peut avoir de prife ; mais *comme une* GÉNÉRATION , c'eft-à-dire , comme une chofe qui a *quelqu'analogie* avec cette efpéce de production , *dont nous fommes tous les jours les témoins....* »

« Les caractères Egyptiens étoient *tous des peintures* & des *images des* êtres corporels. Ces caractères fervoient d'abord pour repréfenter *directement* & indépendamment de la parole, *les chofes dont ils étoient les images.* Dans la fuite on les employa pour exprimer d'une maniere *figurée* les idées les plus *abftraites* & les plus *incorporelles.* Cette écriture accoutumoit les hommes à tout *perfonifier* , à tout *corporalifer....* L'habitude faifoit que les gens habiles n'étoient *prefque plus frapés des images* , & que leur efprit fe portoit *rapidement* & *prefque naturellement* aux chofes *exprimées* par ces images.... Le peuple groffier , & *ceux qui n'étoient pas accoutumés à cette écriture,* s'arrêtoient aux images mêmes , & n'alloient pas *au-delà de l'écorce* qui les frapoit. »

» On conçoit fans peine que la Cofmogonie & la Théogonie exprimées dans le ftyle le plus fimple & le plus naturel, devenoient, dès qu'elles étoient écrites dans ce caractère Egyptien , la poéfie la plus *outrée* & la plus *extravagante* aux yeux du Vulgaire. Cette poéfie rempliffoit la tête des hommes de fictions que le peuple prenoit au fens *littéral* , malgré l'*abfurdité* dont il étoit frapé... ».

» Les plus crédules & les moins éclairés des Prêtres Egyptiens, à force de débiter ces Fables au Peuple, vinrent à les regarder du même œil que lui... Nous voyons ce qui fe paffe aux Indes Orientales parmi les *Brames* , les *Talapoins* , les *Bonzes* & les *Lamas.* Les Fables les plus *abfurdes* & les *fictions* les plus *impudentes* font devenues pour eux des objets *d'un refpect religieux* , & les *motifs* de la dévotion *la plus outrée.* » (1).

---

(1) Défenfe de la Chron. contre Newton , p. 370.--377. & *fuiv.*

C

„ Suivant l'idée que nous nous formons aujourd'hui de l'*ancienne* idolâtrie, il ne pouvoit y avoir que *la plus vile & la plus grossière populace* qui eût quelque sentiment de religion.... ".

Je crois, Monsieur, pouvoir m'arrêter ici & vous faire remarquer que nous devons aux Ecrivains de l'Antiquité les plus imposans par leur esprit de recherche & par la solidité de leur jugement, la clef générale des premieres *Allégories* : que c'est eux qui nous ont conservé un assez grand nombre de clefs particulieres, pour entendre les parties principales de ces Allégories. Je pourrois aussi vous faire remarquer que parmi les Modernes, il seroit difficile de vous oposer un homme plus savant que M. Freret & plus propre à vous faire impression sur l'objet que vous avez jugé à propos de réduire à une si mince valeur. Ce qu'il dit sur le Génie *Allégorique* qui caractérise l'Antiquité la plus reculée ; sur les moyens de découvrir la vérité *en perçant à travers les emblèmes qui la couvrent* ; sur *l'absurdité* de prendre ces Allégories dans le sens *littéral* ; absurdité si palpable, que cet Académicien établit comme une conséquence évidente qu'il *ne pouvoit y avoir* que la plus *vile* & la plus *grossière populace* qui eût quelque sentiment de religion, suivant l'idée que nous nous faisons aujourd'hui de l'ancienne idolâtrie : tout cet ensemble, dis-je, n'est point un système qu'il propose, un raprochement de matériaux adroitement combinés pour faire valoir une opinion qui lui soit propre. Ce sont des faits reconnus, & d'une autorité si incontestable, qu'il fait de leur notoriété la base d'une de ses plus fortes objections contre son adversaire. Et quel adversaire ! Ce n'étoit pas un stérile Erudit, borné aux mots ou aux idées qu'il avoit trouvées dans des Livres. M. Freret attaquoit le plus redoutable Athlète, avec lequel il fût possible de se mesurer ; un homme transcendant du côté du *savoir* & du côté du *génie* ; Newton. Il le combattoit à visage découvert ; il s'étoit nommé ; ainsi il n'auroit pu se dérober à la honte d'avoir osé employer des armes méprisables. C'est donc de tout leur poids que retombent sur vous l'érudition, la sagacité, l'autorité d'un Savant du premier ordre.

J'espere que vous jugerez favorablement, Monsieur, par le nombre & par la réputation des Ecrivains que je réunis pour les oposer à votre opinion, de l'idée que je me suis faite de votre supériorité. J'espere aussi que vous regretterez, avec cette sensibilité que fait naître un amour vif & pur pour la gloire des Lettres, l'Arrêt par lequel vous avez traité de *visions* les explications de la Mythologie, fondées sur ce *Génie Allégorique* auquel se sont abandonnés les Ecrivains de la plus haute Antiquité. J'ai senti, & vous sentirez comme moi ,, que du même trait de plume, vous avez dénoncé à l'Europe favante comme des *Vifionnaires*, non-feulement *Varron*, *Strabon*, *Denys d'Halicarnaffe*, *Plutarque*, le Chancelier *Bacon*, l'Abbé *Maffieu*, M. l'Abbé *le Batteux*, *Freret*; mais une multitude d'autres Ecrivains anciens & modernes, tous recommandables par la profondeur de leur favoir, par la fineffe de leur pénétration, & par la folidité de leur difcernement.

Cet étonnant arrêt me feroit craindre qu'on ne s'armât contre vous de vos propres expreffions, & qu'on ne fe hazardât à vous dire : *il faut avouer que c'eft vouloir couvrir de ridicule l'Érudition.* Peut-être même je trouveroit-il des gens difpofés à aller plus loin, & qui regarderoient comme une efpéce de blafphême d'avoir étendu ce titre de *Vifionnaires* à des Peres de l'Eglife. Car vous favez que plufieurs d'entr'eux fe font apuyés fur le *Genie Allégorique*, foit contre les Auteurs Profanes, foit dans l'explication de beaucoup de paffages & de récits qui fe trouvent dans l'Écriture-Sainte. Quoi qu'il en foit, je crois vous avoir mis à portée de perfévérer dans la qualification de *Vifionnaires*, ou de la retracter, ou de tâcher de la fixer fur moi feul.

Je perfifte donc à croire que l'empreinte du Génie Allégorique, eft profondément marquée dans les écrits qui nous viennent de la plus haute Antiquité. J'y retrouve tout ce que dans l'état des chofes, ils pouvoient contenir. Je n'y vois point avec vous une longue fuite de Rois, parce que ce feroit me jetter dans un cercle vicieux hiftorique : plufieurs générations de Rois fupoferoient évidemment l'exiftence d'une Antiquité plus reculée encore, dans laquelle les premieres fociétés humaines, confolidées par l'invention des Arts de premier befoin, auroient précédé la formation des prétendus Empires, gouvernés par ces Souverains qu'anéantiffent tous les monumens. Je retrouve, au contraire, dans ces écrits, la defcription des Arts fans lefquels aucune Société n'auroit pu fubfifter & fe fortifier. Ainfi la Nature même remplace ici nos monumens, & je fuis fûr de tenir le premier anneau de la chaîne fociale. Eh ! comment pourrois-je m'y méprendre, quand je vois que l'Auteur même de l'Allégorie a pris les mefures les plus juftes pour m'empêcher de prendre fes récits dans un fens hiftorique? Tous les Perfonnages qu'il fait entrer en fcène, ont des noms fignificatifs. Ces noms font tous, ou la dénomination propre, ou la qualification d'objets qui apartiennent aux Arts de premiere utilité. Ce n'eft pas tout encore ; je vois que la réunion de ces noms & de ces qualifications forme l'inventaire complet de toutes les parties, de tous les inftrumens d'un même Art. Trouveriez-vous, Monfieur, dans l'hiftoire de quelque Peuple que ce foit, une fuite de Rois dont les noms, tous fignificatifs, puffent s'adapter avec or-

dre , avec convenance , aux principes & aux effets de quelqu'Art que ce foit,
& à plus forte raifon à des Arts dont le befoin , la découverte , le perfectionnement répondiffent avec exactitude aux tems où ces générations de Rois feroient placées par les Écrivains & par les monumens hiftoriques ? J'ofe vous
affurer qu'il eft impoffible d'en fournir un feul exemple , & je crois pouvoir
ajouter que s'il en exiftoit un feul , la convenance de tant de raports entre les
noms d'hommes , les noms des chofes , les moyens & les réfultats d'un Art
quelconque , fuffiroit pour rendre les faits plus que fufpects à tous les Critiques. J'ofe en conclure que le Public doit être moins difpofé à me regarder
comme un *Vifionnaire* , qu'à traiter d'aveugles-nés ou volontaires, ceux qui
ne feroient pas frapés de la lumiere que répand l'intelligence du Génie Allégorique des Anciens , ou qui en écarteroient leurs regards.

DÉCISIONS du Journalifte fur l'origine du Langage , fur la Langue
Primitive , fur le raport des Langues entr'elles , &c.

Si je ne me fais pas illufion , s'il eft auffi évident que je le crois, que la Langue qu'ont parlé les premiers hommes , exifte toute entiere , quoique difféminée dans les Langues mortes & dans les Langues vivantes ; qu'il ne s'agi-
roit que de l'en extraire pour former le Vocabulaire de la *Langue Primitive* ;
qu'à l'égard des Arts primitifs & des Inftitutions originaires formées par les
premieres fociétés humaines, la defcription en eft écrite dans les Fables de la plus
haute Antiquité & dans celles de tems plus modernes , quoique très-reculés ;
qu'il fuffiroit de les dégager des envelopes qui nous les cachent & d'écarter les
parties acceffoires ou étrangeres qu'y ont affocié les Poëtes Grecs, pour les
retrouver tels qu'ils ont exifté originairement, avec les accroiffemens graduels
qu'ils ont reçus dans les premiers âges ; il me paroît d'une égale évidence que
la connoiffance de cette *Langue Primitive* & du *Génie Allégorique*, feroient
des moyens fûrs de connoître le *Monde Primitif* & de le *comparer* avec le
Monde Moderne.

Je crois devoir en conclure qu'il n'y a aucune objection raifonnable à faire
contre le fonds de mon entreprife , & qu'on ne peut l'attaquer que du côté
de l'exécution.

Ce genre d'attaque ne préfentoit que deux côtés à votre cenfure. L'un, de
prouver l'*impoffibilité* de retrouver la Langue Primitive , de démêler dans le
cahos de la Mythologie un fens raifonnable , & la defcription du berceau du
Genre-Humain ; de s'affurer d'un fil propre à fe conduire dans les détours de ce
labyrinthe , en fe pénétrant de cet efprit Allégorique qui caractérife les Écri-

vains des premiers âges, efprit qu'ont reconnu & quelquefois dévelopé une multitude d'Anciens & de Modernes.

Vous vous êtes bien gardé, Monfieur, de vous engager à prouver qu'il fût *impoffible* de remplir cette tâche; vous vous êtes reftraint à indiquer les principales difficultés que rencontreroient ceux qui voudroient l'entreprendre. Ainfi vous avez tout fait pour fortifier le découragement, & rien pour *prouver* qu'il ne fuffiroit pas d'avoir de l'aplication, de la patience & du courage pour vaincre les obftacles qui paroiffent vous avoir effrayé. Vous êtes donc refté muet fur cet article effentiel que l'exécution de mon entreprife eft *impoffible* ; que par conféquent, mes efforts & ceux que des gens plus habiles & plus pénétrans que moi pourroient faire, feroient *impuiffans* en prenant ce terme en rigueur. Il en réfulte que, de votre aveu, quand je n'ajouterois que quelques mots de la *Langue Primitive* à ceux qui ont été déja recueillis, & quelques nouveaux raprochemens à ceux qui ont été faits pour fixer le fens raifonnable de quelques articles de Mythologie dont la lettre ne préfente que des Fables extravagantes, mon travail ne feroit pas entierement inutile. J'aurois du moins aporté quelques matériaux de plus dans l'attelier où il eft *poffible* d'achever cet édifice, dont la reconftruction contribueroit fi fort à la gloire des Lettres & feroit tant d'honneur à l'érudition qu'il vous a plu de débiter que je *voulois couvrir de ridicule.* Comment voulez-vous que je regarde comme une preuve de votre sèle eft pour l'érudition, les efforts que vous avez faits pour m'empêcher de concourir à fon utilité, & pour effayer de *couvrir de ridicule* des tentatives dont vous êtes hors d'état de juger, puifque je ne les ai pas encore rendu publiques ? Penferiez-vous autrement que l'Académicien célébre que je vous ai déja cité, & qui a dit pour fa propre défenfe qu'il y auroit une précipitation bien étrange *à fe plaindre, d'après un Profpectus, de ce qu'un Auteur n'a pas donné la folution de toutes les difficultés que préfente fa matiere ?*

Ayant eu la prudence de ne pas attaquer mon Ouvrage du côté de l'impoffibilité de retrouver la Langue Primitive, & d'entendre les Allégories des Anciens, votre unique reffource étoit de l'attaquer du côté de l'exécution. J'avoue que vos excurfions fur ce que j'ai dit & fur ce que vous me faites dire vous ont amplement dédommagé. Vous n'avez ofé dire que mon projet en lui-même fût abfurde; mais à combien de reprifes n'avez-vous pas répété que je l'avois exécuté en *ignorant*, en *enthoufiafte*, en *vifionnaire* ! Je fens combien il importe peu au Public de favoir fi vous ou moi fommes des *ignorans*, ou fi nous le fommes l'un & l'autre : il ne lui importe pas plus de favoir fi je fuis un *enthoufiafte*, un *vifionnaire*. Mais il m'importe beaucoup de publier que ce font-là de fimples décifions qui ne font apuyées d'aucune difcuffion, d'aucune preuve , & par conféquent de fimples injures. L'effentiel étoit de mettre à couvert le fonds des chofes ; je l'ai fait. Il ne s'agit donc plus que de prononcer fur votre éminente fupériorité , ou fur mon ineptie & mes écarts.

Un Savant qui a étudié *les Langues* , fur-tout l'Hébreu & le Grec, avec l'ardeur d'un homme de lettres & le zéle d'un Citoyen religieux & bienfaifant , a faifi avec ce coup-d'œil rapide & fûr que donne le génie, l'étroite dépendance qu'elles ont entr'elles. Un Erudit fe charge la mémoire d'une multitude de mots , & croit favoir différentes Langues ; mais un homme de génie ne tarde pas à s'apercevoir, qu'en s'apliquant à ce genre d'études, on n'aprend que différens dialectes d'une Langue primitive & unique ; que tous ces idiomes ne font que les rameaux inféparables d'un tronc commun , qui a renfermé & difpenfé une féve commune qu'on ne peut méconnoître. Il en a conclu que » l'étude des *Élémens Primitifs* des Langues, & leur *comparaifon*, peuvent fer- » vir à diffiper peu à peu les ténébres répandues fur *l'hiftoire des Anciens Peu-* » *ples* , & nous faire diftinguer avec plus de certitude les événemens réels » d'avec les imaginations fabuleufes ». Il a raffemblé les preuves les plus folides de ce principe lumineux dans un volume publié en 1 7 6 4. auquel il a donné le titre d'*Elémens Primitifs des Langues.*

Cet Ouvrage fut, je ne dirai pas *attaqué*, cette expreffion feroit bien foible , mais *décrié* avec ce ton de dédain qui fert fi fouvent de mafque à l'envie ou à l'ignorance.

Comme ce ton n'aporte aucune lumiere, qu'il augmenteroit même l'obfcurité s'il en impofoit aux Savans qu'on cherche à bleffer & à décourager, l'Auteur des Élémens Primitifs des Langues continua tranquillement la route qu'il avoit commencé à aplanir , & à l'extrémité de laquelle il voyoit diftinctement le but dont un Myope lui nioit froidement l'exiftence. Deux volumes publiés fur *l'Origine des Dieux du Paganifme & le fens des Fables* , répandirent en 1 7 6 7 un nouveau jour fur les principes de l'Auteur ; mais il ne diffimula pas qu'en donnant au Public un ouvrage utile , & par la raifon même qu'il étoit utile , il devoit trouver des Cenfeurs injuftes & amers.

» Quand ce principe, dit-il, feroit encore plus évidemment *démontré* dans cet ouvrage, il fera toujours *fort aifé* de le *tourner en ridicule*, en fuivant la méthode employée par quelques Savans pour *décrier* ce genre d'érudition. L'on *affectera* de *choifir* quelques-unes des Etymologies qui *paroîtront* les moins plaufibles *au premier coup d'œil*, en les *détachant* de ce qui peut les *apuyer* & les rendre *probables*. On préfentera ces lambeaux *decoufus* & dé-

» *placés*, comme un *échantillon* par lequel *on peut juger du reste*. On conclura que toutes ces observations grammaticales sont absolument *destituées de la plus legere vraisemblance*. On pourra étayer encore cette *décision* par des réflexions *générales* sur les *abus* de la science étymologique, sur l'*incertitude* de ses aplications, sur le *danger* de s'y livrer. Le Lecteur ainsi *prévenu* par le compte *infidèle* qu'on lui rend d'un système dont on ne combat *que l'accessoire*, ne se donnera pas la peine de consulter le Livre même, d'en examiner les principes, d'en suivre les conséquences, de voir s'il raisonne de suite, ou s'il s'écarte de propos délibéré, comme on l'en *accuse*.

» Par ce procédé *peu équitable.... l'on parviendra très-sûrement.... à faire mépriser l'étude des anciennes Langues, à décréditer* toute espéce d'érudition, & à *ne plus estimer* d'autre talent que celui d'écrire avec légereté.... Avec cette prévention, quel livre, quel genre d'étude peut être à l'abri de la *critique* & du *mépris* des Censeurs *les plus ignorans* ? » (1).

Ces justes plaintes avoient pour objet un article du Journal des Savans du mois de Juin 1764. Deux autres articles des mois de Mars & d'Avril 1766 de ce même Journal, contre *le Traité de la formation méchanique des Langues* (2), auroient pu donner lieu à des plaintes semblables, malgré les ménagemens qu'on crut devoir garder pour l'Auteur; ménagemens dont il est aisé de pénétrer les motifs. Enfin pour avoir osé entrer dans la même carriere, je me suis attiré une condamnation si despotique, qu'il semble que l'*Auteur* (†) de ces différers extraits, ait contracté l'engagement de fermer pour jamais les routes de l'Antiquité qu'il n'a pas fréquentées. Je me garderai bien de pren-

---

(1) Origine des Dieux du Pagan. par M. BERGIER, Doct. en Théol. Tom. I. Part. II. pag. 90.

(2) Par M. le P. des B. de l'Ac. des Bel. Let.

(†) Personne n'a une plus haute idée que moi du *Journal des Savans*, parce que personne peut-être n'en a plus éprouvé l'utilité. Profondeur de connoissances dans tous les genres de Science & de Littérature; solidité & impartialité dans les jugemens; vues nouvelles & étendues pour encourager, guider ou affermir les Savans dans la carriere qu'ils ont choisie; critique saine & instructive; voilà ce qui distingue si éminemment cette précieuse Collection. Pénétré de respect & de reconnoissance pour les Hommes distingués à qui le Public la doit, j'avoue qu'il m'est impossible de croire que les Extraits que je viens d'indiquer soient de différentes mains. Il suffit de les lire avec quelqu'atten-tion pour être persuadé qu'ils sont du même *Auteur*. Dans cette hypothèse, l'antipathie marquée pour le travail dont je m'occupe, ne seroit qu'une disposition personnelle.

dre la défense des Elémens primitifs, & du Traité de la formation méchanique des Langues. L'accueil que ces excellens Ouvrages ont reçu dans l'Europe, est un hommage rendu au mérite des Savans à qui nous les devons , & mes aplaudissemens personnels ne pouroient entrer que comme un infiniment petit dans la somme des éloges qu'ils ont reçus. Par raport à moi, Monsieur, qui n'ai publié qu'une partie de mon travail & que vous vous êtes hâté de dénoncer comme un *ignorant* & un *visionnaire*, j'ai le plus grand intérêt à détruire les fausses idées que vous avez cherché à acréditer d'avance & contre l'Ouvrage & contre l'Auteur. J'espere qu'en discutant quelques-uns de vos arrêts, j'obtiendrai

---

fondée peut-être sur des motifs ou des intérêts personnels ; & ce ne seroit plus du *Journal des Savans* proprement dit que nous aurions à nous plaindre, mais d'un seul Ecrivain. Je pourrois appuyer ma conjecture de différentes preuves. La briéveté d'une Note me force à me borner à l'uniformité de tours, de ton & de style de ces Extraits ; en voici quelques exemples.

Contre M. BERGIER; Juin 1764.	*Contre le MONDE PRIM. NOV. & DÉC.* 1773.
Mais n'est-ce pas trop nous arrêter sur un sujet *qui porte avec lui sa réfutation?*	Le simple *exposé* de pareilles idées, *en est la réfutation.*
Mais *c'est assez nous étendre sur ces minuties grammaticales*, absolument destituées de la plus légère vraisemblance.	Mais *c'est nous arrêter trop long-tems sur des détails de cette espéce.*
En général, *il semble* PAR-TOUT *s'égarer de propos déliberé.*	L'imagination & l'esprit de systême font SANS CESSE *égarer* l'Auteur... *Il semble que toute sa sagacité ne serve qu'à le tromper.*
Hâtons-nous de passer sur cette Dissertation, de même que sur les deux suivantes... Il nous seroit *impossible* de le *suivre* dans *tout* ce travail.	*Nous ne pouvons nous résoudre à copier* ici tout ce que l'Auteur dit de l'A... Nous ne pouvons le *suivre* dans le détail de *toutes* ces explications.
Celles que nous avons citées (les Etymologies) suffisent *pour faire juger de celles que nous passons sous silence.*	Une telle explication n'est qu'une pure chimère... *Et ainsi du reste.*
Mais *c'en est assez sur cette matiere.*	Mais en voilà *assez sur cet Ouvrage.*

On trouve dans le jugement du *Traité de la Formation Méchanique des Langues,* le même dédain, & les mêmes expressions. » L'Auteur donne ici une foule d'Etymologies... *mais* » *nous ne pouvons nous résoudre à les extraire.... Mais en voilà assez sur cette Partie....* » Au milieu de tant *d'écarts,* « &c. &c.

du moins du Public qu'il juge lui-même du dégré de solidité & d'honnêteté de vos décisions.

J'ai dit, entr'autres choses, en exposant sommairement les Élémens dont le Langage est composé, que les sons ou voyelles immuables forment une série composée de *sept* voix ou sons aigus, graves & moyens (1) ; que les intonations ou articulations forment deux séries différentes, l'une de consones fortes, l'autre de consones foibles ; que chacune de ces séries est composée de *sept* consones qui correspondent à autant de touches de l'Instrument vocal ; que dans ces séries, chaque consone forte répond à une douce ; d'où il résulte un Alphabet naturel, immuable & universel de *vingt-une* lettres ; c'est-à-dire, de *sept* voyelles & de *quatorze* consones. J'ignore pourquoi, mais il est aisé de voir que ces détails vous ont déplu.

EXPRESSIONS DU JOURNALISTE.	RÉPONSES.

» Le nombre sept joue, comme on le voit, un grand rôle (2). «

Il s'agit ici d'un point de fait : il falloit attaquer ce que j'avance, ou se dispenser de faire une observation qui ne peut être d'aucune utilité pour qui que ce soit. Cette espéce de plaisanterie, si elle étoit bonne, auroit la commodité de pouvoir s'apliquer à quantité de sujets. Car on pourroit dire avec le même succès aux Critiques, aux Physiciens, aux Philologues qui écriroient sur les *sept* jours qui forment la semaine ; sur les semaines de *sept* années ; sur les *sept* planettes ; sur les *sept* couleurs de la lumiere décomposée par le prisme ; sur les *sept* dégrés de l'octave musicale, &c. &c. *Le nombre* SEPT *joue, comme on le voit, un grand rôle.* Quel avantage pouroient retirer de cette observation les Aristarques ou les Zoiles, les Auteurs & le Public ?

» De-là, les premiers mots simples & nécessaires (3)…. Ces premiers mots devinrent la base immuable de toutes les Langues ; ils n'ont point été l'effet du choix de l'homme, du ca-

Oui, Monsieur, c'est dans les effets nécessaires de l'Instrument vocal qu'il faut chercher la *Langue Primitive* ; & c'est parce qu'ils sont fondés sur la Nature même, que les mots de cette

---

(1) Plan gén. du Monde Prim. p. 9 & 10.

(2) Nov. 1773. p. 2177. édit. in-12.

(3) *Ib.* p. 2179.

D

price, ou du hazard. Voilà la *Langue Primitive* compofée de mots *d'une ou de deux fyllabes.* «

Langue font prefque tous d'une ou de deux fyllabes. Ce caractère qui lui eft propre, eft non-feulement une indication pour la reconnoître à travers les déguifemens qui pourroient nous la cacher dans les Langues anciennes, & modernes; mais de plus, un moyen général de comparaifon qui ne permet pas de la méconnoître, par-tout où le même monofyllabe a confervé l'identité de fon & de fens. Pour peu qu'on foit verfé dans l'étude des Langues, on n'ignore pas que dans les voyelles, la fubftitution d'un fon aigu à un fon grave, & dans les confones la fubftitution d'une articulation forte à une articulation foible, ne changent rien à l'identité de fon; & que l'identité de fens n'eft point altérée, lorfque le même monofyllabe ne préfente de différence d'une Langue à une autre, que celle du fens propre au fens figuré, de l'indication d'un tout à l'indication d'une de fes principales parties.

Je ne puis croire que vous ayez dit fans motif, qu'après m'être flatté de retrouver ces mots d'une ou de deux fyllabes, je me flattois, de plus, de faire connoître *l'abondance, l'harmonie, la beauté de ce langage.* Le ton continu de vos Extraits ne me fournit que trop de raifons de foupçonner qu'il vous a paru abfurde, ou tout au moins *ridicule,* d'afpirer à trouver tant d'utilité & tant d'agrément dans une Langue prefque toute compofée de monofyllabes. Voici ma réponfe.

Les Savans qui ont vu nettement que la *Langue Primitive* exiftoit dans les Langues mortes ou vivantes, ont tous publié qu'elle étoit compofée de *monofyllabes.* C'eft un des principaux caractères auxquels ils ont reconnu les mots primitifs qu'ils ont donnés pour exemple de leur obfervation & de leur affertion. Le CHINOIS eft, de toutes les Langues parlées, la plus ancienne que nous connoiffions : elle fe raproche donc plus qu'aucune autre de la première Langue qui ait été parlée. Or » la Langue des Chinois ne fuit pas une marche auffi » favante que leur écriture. Compofée *d'un PETIT nombre de monofyllabes* & » de fons qui ne different dans la prononciation que par des tons, *elle femble* » ne reconnoître aucune régle, n'être affujettie à aucun principe; on n'y voit, « ni conjugaifons, ni déclinaifons (1) ». Le Chinois prouve donc que le caractère principal des Langues les plus anciennes eft d'être monofyllabiques. Mais,

(1) Mém. dans lequel on prouve que les Chinois font une Colonie Egyptienne. par M. de Guignes. Paris 1759. p. 57.

me direz-vous peut-être , où trouvera-t-on la preuve que cette Langue foit aľ ondante , harmonieufe ? Dans une Lettre que vous connoiffiez , peut-être , lorſque vous avez publié vos deux Extraits , & que je ne connoiffois certainement pas lorſque j'ai publié le Proſpectus , ou le *Plan général du Monde Primitif.* Vous allez voir que cette Lettre & une des notes que l'Auteur y a jointes , me fourniffent tout ce que je pouvois défirer (1).

» La Langue Chinoife eft une des plus anciennes du Monde ; la feule probablement qui ait *toujours été parlée* & foit encore *vivante*.... Il paroît que le *petit nombre* & la *brièveté* de ſes mots ont dû la préferver de bien des altérations. Les plus grandes n'ont guères pu tomber *que ſur la prononciation*.... Malgré fes variétés , la Langue Chinoife *ne compte que 3 3 0 mots environ*. On en conclut en Europe qu'elle eft peu abondante, monotone & difficile à entendre ; mais il faut ſavoir que les quatre accens nommés... *uni*.... *élevé*... *diminué*... *rentrant* , quadruplent preſque tous les mots par une inflexion de voix , difficile à faire comprendre à un Européen... Les Chinois font plus , ils donnent une certaine *harmonie* & une *cadence marquée* aux mots *les plus ordinaires*. Pour la clarté , voici ce qui décide. Les Chinois parlent auffi vite que nous , difent *plus de choſes en moins de mots*, & *s'entendent* ».

» On peut croire en Europe que les éloges qu'on donne à la Langue Chinoife font *un peu* exagerés , peut-être même *outrés* ; mais j'ofe affurer que ce qui eft bien écrit, *eſt au-deſſus de tout ce qu'on en peut dire*. Toutes nos Langues de l'Europe n'ont rien qui puiffe donner idée *de la force & du laconiſme pittoreſque* de certains morceaux. Un feul caractère fait tableau. Les bons Écrivains connoiffent & employent avec ſuccès toutes les figures que les Grecs & les Romains ont employées avec tant d'art dans leurs ouvrages. Le génie de la Langue Chinoife... leur donne une nouvelle force. *Les vers* réuniffent tout à la fois *la meſure, la rime, & une ſorte de brèves & de longues* PLUS *délicates encore que celles du Grec & du Latin*.... La Poëfie Chinoife exprime , fans ſortir du ſtyle le plus ſublime , les choſes les plus triviales , & que nous ne pouvons nommer dans nos vers. On a voulu douter qu'elle eût de l'*harmonie*, étant compoſée de mots TOUS *monoſyllabes* : je n'ai que ce mot à dire. Ceux

---

(1) Pag. 8. & 41. de l'Ouvrage intitulé, *Lettre de Pekin ſur le Génie de la Langue Chinoiſe comparée avec celle des anciens Egyptiens* , en réponſe à celle de la Soc. Royale de Londres ſur le même ſujet ; par un P. de la Comp. de Jef. Miſſionnaire à Pekin. in-4°. Bruxelles , 1773. Elle eſt datée du 10 Octobre 1764.

» qui lifent le mieux nos vers, découfent pour ainfi dire les fyllabes des mots &
péfent fur chacune , de façon qu'ils femblent *prefque* ne lire que des monofyllabes.... Si on l'examinoit bien , peut-être trouveroit-on que les mots *les plus
effentiels* ont été & *font encore* fort *courts*.... Je ne défefpérerois pas d'expliquer *par le Chinois* , comment nous les avons *allongés* ; mais ce n'eft pas ici
le lieu d'en faire l'effai ».

Vous n'exigerez pas, fans doute, que j'articule les raifons qui doivent dé-
terminer à préférer le témoignage & le jugement d'un Savant Miffionnaire
établi depuis long-tems à Pekin, qui a des motifs fi puiffans de bien etudier,
de bien connoître la Langue Chinoife, à tout ce que pourroit débiter fur le génie, la force & l'harmonie de cette Langue, un Européen qui n'auroit jamais
été à la Chine.

» *Il fuffit d'expofer toutes ces idées.*
Le Public les jugera : nous ne demanderons pas même à l'Auteur comment
il a pu retrouver ces mots primitifs
fournis par la nature : *Nous le laiffons,
à cet égard , fe livrer à toute fon imagination.* «

Non, Monfieur, un extrait étran-
glé, tronqué, je pourrois dire infi-
dele, d'un Profpectus qui n'eft lui-
même qu'un Extrait, *ne fuffit pas* pour
mettre le Public en état de *juger.* M.
de Guignes, dans un cas à peu près
pareil, mais avec cette différence
que fon Ouvrage avoit été attaqué avec
les égards que fe doivent des gens honnêtes, & que fon adverfaire s'étoit nommé, vous a dit d'avance que vous vous êtes *preffé un peu trop ; qu'il falloit
attendre un ouvrage plus étendu que fa petite brochure qui n'eft qu'une annonce ;
que c'eft comme fi, d'après un Profpectus, on alloit fe plaindre qu'un Auteur n'a
pas donné la folution de toutes les difficultés que préfente fa matiere.* D'ailleurs,
fi vous paroiffez vous rapeller un inftant les égards que vous devez au Public
en difant qu'il *jugera* , vous les oubliez bien vite , en lui dictant ce même jugement que vous feignez d'attendre de lui. *Nous ne demanderons pas même
à l'Auteur* , dites-vous, *comment il a pu retrouver ces mots primitifs, fournis par la nature ; nous le laiffons , à cet égard , fe livrer à toute fon imagination.* Voilà un jugement bien dédaigneux ; je pourrois ajouter, & de bien mauvais exemple ; car quel eft l'homme , quelqu'ignorant qu'il fût , qui ne pût
exercer contre tous les gens de lettres, un empire fi facile à ufurper ?

» Il parle enfuite & avec le même
enthoufiafme de l'origine de l'écriture
qui ne fut qu'une peinture des objets.

Vous vous délectez furement à
mettre du dédain & de l'amertume
dans vos décifions; mais , Monfieur,

» *Mais tâchons de ne pas nous égarer avec lui* (1). » qu'il me soit permis de vous demander, si vous croyez sérieusement que je *m'égare*, lorsque je dis que dans l'origine l'écriture ne fut que la peinture des objets ? Ce point de critique méritoit bien que vous prissiez la peine de le discuter, puisqu'il vous reste des doutes sur cet article ; & vos preuves, si vous prétendez en avoir, devoient au moins être indiquées. Pour moi, j'offre de vous prouver qu'il n'y a pas deux opinions sur cet article entre les Savans de tous les siécles, de tous les Pays. Tous ont dit & répeté que la premiere écriture imaginée par les hommes, n'étoit que la peinture des objets. Je crois pouvoir me borner au témoignage de deux Auteurs qui, sans doute, ne vous seront pas suspects.

» Le caractère radical (des Chinois) qui désigne aujourd'hui une *tortue*, » n'étoit *anciennement que la figure même de cet animal.* De-là, il est aisé de » conclure que plusieurs des caractères Chinois ont été dans l'origine de purs » hiéroglyphes, des signes représentatifs des objets (2) ». M. de Guignes dont j'opose l'autorité à votre opinion, ne se borne pas à cette assertion ; il en tire de plus cette conséquence, que *l'on aperçoit déja la plus grande conformité entre l'écriture des Chinois & celle des Egyptiens.* Cette conformité porte sur ce que *anciennement*, dans son origine, l'écriture de ces deux Nations qui touchent de si près aux Tems primitifs, consistoit à tracer *la figure même* d'un objet, pour désigner cet objet. L'unique maniere de désigner une *Tortue*, étoit de tracer le dessein d'une *Tortue.* Croyez-vous que ce Savant Académicien se soit *égaré*, ou ce qui revient au même, que vous devez *tâcher de ne pas vous égarer avec moi*, lorsque je me déclare pour une opinion qui est évidemment la sienne ? Voici le second témoignage que je vous ai promis.

» Pour répandre encore plus de jour sur cette matiere... je vais placer ici quelques observations... d'après le Grammairien Chinois Les idées simples des objets *sensibles* ont été les plus faciles à *exprimer.* La *figure* d'un Cheval, par exemple, *indique un Cheval*, celle de *l'œil* indique *l'œil*, &c. Mais il y a loin de-là, jusqu'à peindre les idées abstraites.... Que faire donc ? ce qu'ont fait les Chinois avec beaucoup d'intelligence & de goût... Fixer le nombre des *images* & des symboles ; puis opérer sur ce nombre par différentes combinaisons, en mettant.... deux arbres, par exemple, pour désigner un bosquet ; trois pour une *forêt.* » (3).

---

(1) *Ib.* p. 2180.
(2) Précis du Mém. de M. de Guignes sur l'Origine des Chinois, p. 49.
(3) Lett. de Pekin, p. 11, 12.

» J'ai actuellement fous les yeux un livre où l'on a recueilli plufieurs caractères *kou-ouen*, qui ont échappé au naufrage des autres. Il me paroît *démontré*
fur leur figure & conformation que *les anciens caractères* étoient *de vraies
images* & fymboles, & non des fignes repréfentatifs *arbitraires*, *fans aucun
raport avec la chofe fignifiée*. Ceux qui ont traité le plus à fond cette matiere
parmi les Chinois défignent les anciens caractères par les noms de SIANG, *ima-
ge* ; HING, *figure*, & gémiffent de ce que la plûpart font perdus. (1) ».

Si ces autorités en matiere de faits & d'opinion, ne vous fuffifoient pas,
faites-moi la grace de me le dire ; établiffez avec franchife ce qui vous fait
craindre de vous *égarer* en fuivant un fentier fi battu, & le feul qu'on puiffe
fuivre à cet égard : je vous fournirai abondamment des calmans de toute
efpéce, & ie crois pouvoir efpérer qu'ils diffiperont vos frayeurs.

» Nous ne pouvons nous réfoudre (2) à COPIER ici tout ce que l'Auteur dit de l'A, premier mot de fon Dictionnaire ; nous n'en citerons qu'une étymologie. C'eft celle du mot *abandon*. Voulant donner la valeur de l'A à la tête des mots, il dit qu'*abandon* eft compofé de trois mots *a*, *ban*, *don*, qui fignifient un *don* fait *à ban*, c'eft-à-dire au Public, une chofe qu'on livre au premier qui voudra s'en emparer. «

Ceux qui voudront bien jetter les yeux fur le Plan général du *Monde Primitif*, verront qu'en me refferrant autant que je l'ai pû, l'article de la lettre A s'eft étendu à IX. Sections, qui rempliffent fept grandes pages in-4°. imprimées en petit caractère. Ils n'auront pas de peine à comprendre pourquoi vous n'avez pas *copié* dans votre Extrait tout ce que j'ai dit fur cette lettre. Le travail d'un bon Journalifte & celui d'un bon Copifte ne doivent pas fe reffembler. Mais l'excès

en tout eft un défaut. Vous n'en avez évité un que pour avoir le plaifir de vous
jetter dans un autre ; & fous prétexte qu'il eût été ridicule de *copier* dans un
Extrait, *tout* le texte de l'Ouvrage, vous en avez détaché & préfenté avec
votre adreffe ordinaire, une feule étymologie. Par quelle fingularité faites-vous
entendre que c'eft uniquement par dégoût ? Vous n'avez pu *vous réfoudre*, dites-vous, *à copier tout* ce que j'ai dit fur cette lettre ! Mais pourquoi ce prétendu dégoût a-t-il ceffé en faveur de l'article *abandon* ? Avouez-le, Monfieur,

---

(1) *Ib.* aux Notes, p. 41.

(2) Pag. 2181.

vous vous êtes flatté de mettre une certaine claſſe de rieurs de votre côté. Je vais tâcher de mettre du mien des rieurs d'une autre claſſe.

J'ai dit dans la Vme. Section de l'article où je parle de l'A, que cette lettre eſt ajoutée à un grand nombre de mots ; quelquefois, pour en rendre le ſon plus harmonieux ; ſouvent, pour exprimer de nouvelles idées, ou des idées plus compoſées. J'en ai fourni quelques exemples. J'ai dit enſuite que l'A entroit quelquefois comme partie *eſſentielle* dans les mots compoſés : j'ai cité les mots *affaire*, *avenir*, *abandon*. Vous n'avez pas trouvé bon que j'euſſe avancé, au ſujet du dernier, qu'il étoit compoſé de *trois* mots *A*, *ban*, *don* ; que ces trois mots ſubſiſtoient *tous trois* dans notre Langue ; que le ſecond ſignifie *Public*, le *Public*, la choſe *publique* ; qu'en les réuniſſant, ils ſignifient un DON fait A BAN (au Public), une choſe livrée au premier qui voudra s'en emparer. Vous allez voir que je ne ſuis pas le ſeul à qui cette étymologie ſe ſoit préſentée : auſſi m'arrive-t-il ſouvent dans la carrière que je parcours de retrouver après coup dans des Ecrivains dont je reſpecte le ſavoir & la pénétration, ce que m'avoient fourni mes propres réflexions, & je ne diſſimule point que c'eſt pour moi un grand encouragement, un puiſſant motif de ſécurité.

Il eſt d'uſage dans pluſieurs Provinces de France d'*abandonner* au bétail les Terres qui ne ſont pas cultivées, ou dont le Propriétaire vient d'enlever la récolte. La liberté dont les Habitans jouiſſent en commun d'envoyer le bétail ſur le terrein d'autrui, ſe nomme aſſez communément *droit de vaine pâture*, & quelquefois *droit de parcours*. En Normandie, où ce droit paroît avoir exiſté de tout tems, il ſe nommoit BANON. Le grand Coutumier de cette Province nous aprend (†) que la *vaine pâture* & le *parcours* ſont interdits depuis la mi-Mars juſqu'à la Sainte Croix en Septembre ; que dans tout autre tems de l'année, les terres ſont *communes* ; qu'on nomme *tems de Banon*, celui où le bétail peut être abandonné indiſtinctement & *ſans Paſteur* dans les champs de tous les Propriétaires ; que *nul* ne peut défendre ou interdire le *parcours* dans ſa terre, *en tems de Banon* ; que le BANON doit ceſſer dans toutes les terres, dès que les ſemences commencent à lever.

(†) » Terres ſont en aulcun temps en *défens*, & en aultre ſont *communes*. Toutes
» Terres cultivées ſont en défens, de quoi beſtes peuent légèrement toillir les fruitz.
» Vuides Terres ſont en *défens* depuis la mi-Mars juſqu'à la Sainte-Croix en Septem-
» bre. En aultre temps elles ſont *communes*. Le temps en quoy les Terres ſont communes
» eſt appellé *temps de* BANON, en quoy les bêtes peuent aller communément par les

Guillaume Rouillé, qui a commenté le grand Coutumier de Normandie, se propose deux difficultés ; l'une à l'égard d'un propriétaire qui auroit planté des *porées* dans son champ ; l'autre à l'égard d'un cultivateur qui auroit négligé d'enlever ses bleds en *tems de banon*. » Ne pourroit-on pas prétendre, dit ce » Commentateur, que, suivant l'esprit de la Loi, le bétail ne peut aller sans » *Pasteur* dans l'un & dans l'autre champ, même en *tems de Banon* ? » Il se décide pour la négative ; parce que dans la première espèce, *il s'ensuivroit inconvénient au* bien publique *pour* cas particulier, *qui ne se doit pas faire* ; *car le bien* commun *doit préférer le bien* privé ; & parce que dans la seconde espèce, *c'est la faulte de cil qui a laissé lesdits ablez aux champs, lesquels il devoit emporter* en tems deu ; *parquoi sa dicte faulte ne doit point porter préjudice* au bien commun.

Vous entrevoyez déjà, Monsieur, que la liberté de disposer des herbages que produit le champ d'autrui, est un *don* fait par la Loi, contre le droit qui devroit naturellement être réservé au seul propriétaire ; que ce *don* est fait à tous, au *Public* ; & que par conséquent *le tems de Banon* est devenu le tems de la *chose publique*, le tems de l'usage du *don* fait au *Public*.

Vous resteroit-il quelque doute fondé sur ce que le mot *Banon* diffère un peu du mot *ban* qui fait la seconde syllabe d'*abandon* ? Le plus savant Commentateur de la Coutume de Normandie, Basnage, vous aplanira cette difficulté. Vous verrez que dans son Commentaire, il a substitué le mot ban au mot banon qui a été retranché de la nouvelle Coutume. Vous y verrez aussi que ce profond Jurisconsulte a senti que cette Loi étoit contraire au droit commun ; que le droit de *Parcours* étoit un *don* fait au Public au détriment du Propriétaire : mais qu'il a cru en même tems, que l'intérêt *public* devoit prévaloir & justifioit ce don (†).

» champs sans *Pasteur*. Aucunes bestes sont qui n'ont point de *banon*, ains doibvent estre » gardées en tout temps. .. Si, comme sont chièvres qui mangent les bourgeons des » vignes & la croissance des arbres ; & porcs qui fouissent les prez & les terres semées. .. » Nul ne peut *défendre sa terre en temps de banon*, se elle n'est close d'ancienneté ... » Banon doibt estre osté de toutes terres en quoy la blée est aparissant. .. (Grand Coutumier de Normandie, Chap. VIII. de *Banon & défens*, in-fol. impress. Gothique, 1539.)

(†) » Il semble que notre Coutume... est contraire au droit commun, en *ôtant* aux » Propriétaires la libre disposition de leurs héritages, en les faisant servir au *profit* & à » la commodité d'autrui. Néanmoins l'intérêt *public* a prévalu sur la liberté des particu-

Au cas que vous défiriez de nouveaux éclairciffemens , je puis encore vous renvoyer au plus favant homme qu'il y ait eu peut - être dans le Monde, quoiqu'il ne fût ni les Langues Orientales, ni le Chinois ; à Du Cange. Il vous afsurera que dans l'ancienne Langue des Danois , Langue dont les monofyllabes primitifs ont certainement précédé les tems où la Loi de la propriété n'a plus permis de regarder les productions fpontanées de la terre comme un bien commun, le mot Ban, duquel ont été formés les mots *Banon & Banonium*, fignifioit les *Champs* , le *Territoire* (†). Il vous afsurera aufsi que dans des tems poftérieurs, quoique fort éloignés, le même mot a fait former ceux-ci, *abandum* , *abandonum, habandonum* [††], qu'il explique par cette phrafe Latine, *res arbitrio cujufque expofita*, & qu'il traduit par ces mots François, *chofe* ABANDONNÉE. Enfin vous y trouverez qu'*Etienne Pafquier* a dit que notre mot *abandon* étoit compofé de trois mots, *a* , *ban* , *don*, dans le même fens que ceux-ci , *don* fait *à ban*, & qu'il a fondé cette étymologie fur le fens du mot *Bannum* [1].

Pour ménager votre tems & votre travail, lorfque vous vérifierez les autorités que je vous indique, je crois devoir dire que l'explication du mot *abandum* dans le Glofsaire de du Cange, n'eft pas en entier de ce favant Homme. Tout le monde fait que des Bénédictins, fort favans eux-mêmes, ont fait des additions à cet Ouvrage. Leurs additions fur le mot dont il s'agit , démontrent que les divers fens qu'il a reçus, tiennent tous, plus ou moins, au fens que j'y ai attaché dans l'endroit de mon *Plan Général* que vous avez attaqué : il fignifie

---

» liers. Et comme le bétail fait une partie confidérable du ménage & de la richefse des » champs. . . par une confidération de *police* & d'utilité *publique*, on a rendu *communes* en » certaines faifons les terres vuides & non cultivées.

» Terrien étoit dans cette erreur. . . & il croyoit que l'on ne pouvoit clore fa » terre de nouveau *au préjudice du* Ban.

(Bafnage, fur la Cout. de Norm. art. 82. Tom. I. p. 116. édit. de 1709.)

(†) Bano (melius *Banonium* , agri libertas feu *communis* agri depafcendi liber ufus) Jura & Confuetudines Normanniæ, cap. 8. *tempus quo terræ funt communes , tempus* Banoni , &c. . . . *temps de Banon*, in Gallicâ editione quo fcilicet *Bannum* indicitur pro communi agrorum ufu.

Apud Hickefium , Thef. Ling. Sept. Tom. I. p. 163. *Ban* (undè *Banon & Banonium*) in veteri Gotho-Scandico five Danico, pro agro & territorio frequenter accipitur. *Clofs. Ducang. verbo* Bano.

(††) Ibid. verb. Abandum.

(1) Recherches d'Et. Pafq. Liv. VIII. c. 36.

E

quelquefois *garantie*, *cautionnement*; quelquefois *hypothéquer*, *donner par assu-*
rance, *abandonner*; expressions qui présentent toutes l'idée ou de choses délaissées
dont chacun est maître de s'emparer, ou d'un droit volontairement *donné* à autrui sur des biens qui ne lui appartiennent pas, lequel droit *donné* par le Propriétaire sur sa chose, peut éventuellement la faire devenir la chose d'autrui, comme
dans le cas de *cautionnement* & de *garantie*.

Si l'*enthousiasme* & l'*imagination* ne m'égarent pas, je crois que n'ayant pu
vous *résoudre à copier tout* ce que j'ai dit sur la Lettre A, vous regretterez d'a-
voir changé de résolution pour le seul mot *abandon*. Au reste, Monsieur, daignez
m'éclairer, si vous persistez à penser que je suis dans l'erreur : vous me trouverez
toujours docile à d'utiles leçons.

» Dans le Dictionnaire Etymologique de la Langue Françoise (1) on voit que *Bedeau*, *répeter* & *inviter*, vien-nent d'une même racine, ou du mot primitif *Bed* qui désigne toute idée re-lative à invitation & demande. Les Latins en ont dérivé *Peto*, demander. »

Si j'avois cru devoir respecter l'o-reille de mes Lecteurs plus que leur jugement, les raisons qui ont fixé votre attention sur le mot *Bedeau*, m'eussent averti de le retrancher d'une liste assez nombreuse, dans laquelle vous me donnez lieu de remarquer qu'il y a quelques mots doux, comme

Académie, *apanage*, *disette*. Il m'eût été facile de rendre cette liste plus nombreuse encore, & de n'y faire entrer que des mots harmonieux. Mais j'avoue
que j'aurois craint que cette affectation n'eût été plus choquante pour des Savans,
que le son du mot *Bedeau*. Si vous étiez mon seul Juge, je verrois bien qu'il
ne suffit pas de donner des étymologies vraies, & que l'essentiel est de ne donner que celles des mots nobles & sonores.

» Il y a des mots, suivant notre Au-teur, dans la Langue Hébraïque [2], *dont il retrouve la racine* dans le Fran-çois ; ce qui paroîtra *contraire à* TOUTES *les idées reçues*. «

J'ai dit, en effet, que l'on retrouvoit dans la Langue Françoise des racines qui ne subsistoient plus dans la Langue Hébraïque, telle que nous l'avons. J'ai cité nos mots *bande*, *mal* [3], *chyle*, *munir*, *cher* [4], &c. On a dit qu'il

falloit être Pyrrhonien outré pour douter que *pain* dérivât de *panis* ; il faut l'être
autant pour douter que les racines qui ont fait les mots hébreux *abend*, *amal*,

(1) Nov. p. 2182.　　(2) Ib. p. 2183.
(3) Plan gén. p. 27.　(4) Ib. p. 50.

akil, *amun*, *ikar*, &c. ne se sont pas conservées dans ces mots *ban le*, *mal*, *chyle*, *munir*, *carus* ou *cher*, qui offrent le même sens. Loin que cette assertion soit contraire *à toutes les idées reçues*, elle est une conséquence nécessaire de ce Principe admis par un si grand nombre de Savans, que toutes les Langues, mortes ou vivantes, ne sont que des dialectes d'une *Langue primitive* qui existe encore, quoiqu'éparse parmi les différens Peuples. Qu'y a-t-il de contradictoire & d'absurde à soutenir, que telle racine qui a été altérée dans un dialecte, n'a pas subi des altérations dans un autre? D'ailleurs quand il seroit aisé de prouver que mes idées sont contraires à TOUTES *les idées reçues*, qu'en résulteroit-il contre mon Principe? Ouvrez les Mémoires de toutes les Académies, & vous verrez combien d'erreurs anciennes qu'on auroit pu qualifier, pendant long-tems, d'*idées reçues*, ont disparu devant des vérités découvertes & dévelopées par des modernes. Vous attaquez tout, vous n'entrez en discussion ou en preuves sur rien : toujours des décisions sèches & magistrales. Il semble que vous ayez fait vœu d'infaillibilité, & que vous exigiez de l'Univers le vœu d'obéissance aveugle. Je vais vous en donner quelques nouvelles preuves.

DÉCISIONS du Journaliste sur le Génie Allégorique & sur la possibilité ou l'impossibilité de pénétrer le sens des Allégories.

Vous regardez, Monsieur, comme une portion de l'ancienne Histoire, trois *Allégories* dont j'ai donné l'explication. Je crois, au contraire, que ce n'est qu'en entrant dans l'esprit allégorique des Anciens, qu'on trouve un sens raisonnable, honnête, utile dans ces antiques narrations. Elles ne seroient qu'un ramas d'in-décences & d'atrocités, si elles étoient regardées comme historiques. Ma sé-curité vous étonne : je ne suis pas moins étonné qu'il existe un seul homme bien persuadé, qu'en lisant les aventures attribuées à Saturne, à Mercure, à Hercule, il a lu l'Histoire des premiers siécles du Monde.

Quelqu'impression que pussent produire les efforts que vous avez faits pour rendre mes explications ridicules, j'ai une répugnance invincible à discuter toutes vos décisions : &, pour me servir d'une de vos phrases, *j'avoue que je ne puis me résoudre à vous suivre dans tous ces écarts*. En effet, Monsieur, vous avez découpé des faits qui forment un ensemble dans mon Ouvrage ; vous avez supprimé tout détail qui auroit pu faire soupçonner que ces faits avoient en-tr'eux quelque liaison, & qu'ils s'éclairoient mutuellement : vous avez totale-ment isolé ceux que vous avez assez dénaturés, pour faire paroître absurde

leur aplication à des objets phyfiques ou moraux. *J'aime beaucoup mieux m'apro-*
cher de mon but, que de m'arrêter ainfi dans une fauffe route [1].

Vous ne dites nulle part en quoi je me fuis trompé ; c'eft par maffes que vous
perfiflez dédaigneufement ce que j'ai publié : il faudroit donc que je tranfcriville
une longue fuite de pages de mes *Allégories Orientales* pour faire aprécier des
jugemens fouvent énoncés en une feule ligne. Je refpecte trop le Public pour me
livrer à ce genre de réfutation. Mais je conjure ceux qui aiment les Lettres, qui
examinent fans partialité les Ecrits d'autrui, qui ont le cœur affez honnête,
affez bienfaifant pour inftruire & pour fortifier dans leur marche ceux qui
cherchent à fe rendre utiles, de lire de fuite les trois Allégories que j'ai expli-
quées, & l'extrait prétendu que vous avez donné. Si, contre toute aparence, &
contre l'opinion des plus favans hommes parmi les Anciens & les Modernes, on
étoit de même avis que vous à l'égard du fonds, je fuis bien fûr que le jugement
différeroit entierement du vôtre à l'égard de la forme. Je crois vous devoir &
me devoir à moi-même, de m'expliquer fur quelques phrafes de vos extraits
qui, par leur ton & leur tournure, ne femblent pas apartenir au XVIIIe
Siécle.

» Comment ce Génie [*allégorique*]   Je crois pouvoir vous affûrer qu'il
a-t-il [2] pû échaper à *tous ceux qui*   n'a échapé à perfonne, pas même à ceux
ont jufqu'à préfent travaillé fur l'An-   qui ont fabriqué des fyftêmes pour
tiquité ? «   adapter à l'hiftoire, des récits qui réfif-
                                             toient de toutes parts aux prétendues

identités que l'efprit fyftématique avoit cru faifir. Ce qui a échapé à beaucoup
d'Ecrivains qui ont travaillé fur l'Antiquité, c'eft la vraie clef de ces Allégories.
Au milieu d'une obfcurité profonde, & qu'ils rendoient permanente, ils ont
aperçu des lueurs femblables à ces météores qui ont fi fouvent égaré des voya-
geurs. Ils fe font épuifé en efforts violens & continus pour affimiler ces lueurs
trompeufes, à la lumiere d'un jour ferein. On leur a vainement démontré l'inu-
tilité de chercher des Empires, des fucceffions de Rois, dans des tems où l'on
ne trouve aucune trace de Nation, de Police, de Loix, où par conféquent il n'a
pû éxifter de Souverains. Ces Ecrivains fe font obftinés à préférer un Edifice chimérique qui étoit leur ouvrage, à l'Edifice réel qu'ils avoient inutilement effayé
de reconftruire. L'amour-propre ne fournit que trop d'exemples de pareilles mé-

---

(1) M. de Guignes, dans fa Réponfe aux doutes, &c.
(2) Nov. p. 2185.

prifes fuivies de la même obftination. Mais, Monfieur, le fens allégorique qui fubftitue la raifon & l'inftruction aux extravagances & au fcandale du prétendu fens hiftorique, a-t-il *échapé* à Varron, à Ciceron, à Plutarque & à tant d'autres Ecrivains de l'Antiquité ? A-t-il échapé à Maffieu, à Freret, à Bougainville, à M. le Batteux, à une multitude de *Savans* modernes ? De quels Ouvrages étoit compofée la Bibliothéque où vous avez puifé vos lumieres ? Vous, qui m'adref-fez cette étonnante Queftion, *comment le Génie allégorique a-t-il pu échaper* A TOUS CEUX *qui ont* IUSQU'A PRESENT travaillé fur l'*Antiquité* ? Je vous le ré-pete, il n'a *échapé* à perfonne.

» L'Auteur remarque [1] que tous ceux qui ont expliqué ce Monument (le Fragment de Sanchoniaton) n'y ont trouvé qu'une fuite de Rois d'une même Famille qu'ils ont effayé de re-connoître. Dans fon fyftème, ce n'eft point une Hiftoire, ni une fuite de Générations qu'il y faut chercher, mais une Allégorie ingénieufe, liée à la Mythologie Orientale, mere de celle des Grecs & des Romains. Ainfi les infidélités d'Uranus à l'égard de fa femme, & les atrocités qu'on reproche à *Saturne*, ne font que des Allégories. «

Vous ne conteftez pas, Monfieur, que l'explication que j'ai donnée au Fragment de Sanchoniaton, fe trouve LIÉE à la Mythologie Orientale, mere de celle des Grecs & des Romains. Vous avez donc fenti que c'étoit en *liant* étroitement différentes parties difféminées, que j'ai rendu fenfible la juftefle de mes explications. Il falloit brifer ces liens, ou reconnoître la folidité de l'enfemble que j'avois formé. Quelle idée un Lecteur peut-il fe faire, d'après le compte que vous lui rendez, & que je viens de copier en entier, de la liai-fon des faits que j'ai raprochés ? J'avoue

que tout cet enfemble étant fupprimé, il doit paroître affez ridicule que j'aye tiré pour unique conféquence de mes explications, que *les infidélités d'Uranus à l'égard de fa femme, & les atrocités qu'on reproche à Saturne, ne font que des Allégories*. Mais ce boulverfement, cette incohérence, ne font pas mon ouvrage; c'eft le vôtre. Au refte, vous ne vous en tenez pas là, vous donnez *immédiate-ment* la réfutation favante, lumineufe de ce que j'ai fait pour lier, dans le plus grand détail, les différentes parties du Fragment à la Mythologie. Le Public ju-gera de la folidité & de l'élégance de cette réfutation.

» C'eft *ainfi* que *quelques-uns* [2] ont voulu expliquer Homère & d'autres

Quiconque diroit que les Poëmes d'Homère ne contiennent *que des faits*,

» Ouvrages anciens, allégoriquement, prétendant qu'ils ne contenoient pas des faits , mais les détails exacts des différens procédés du *grand-œuvre* : ici, c'eſt l'Agriculture ; mais il y a apparence que cette explication ne ſera pas plus fortune en ce genre que le *grand-œuvre*, & que ces ſyſtêmes ne paſſeront que pour des VISIONS. Peut-être viendra-t-il un tems que la Henriade ſera expliquée de même. »

ne mériteroit pas qu'on perdît ſon tems à le détromper. On eſt inconvertible , lorſqu'on n'eſt pas capable d'écarter du premier coup-d'œil une abſurdité ſi manifeſte. « Quant à la Fable *allégorique* , « ſi l'on conſidere [1] les ſecrets ſans » nombre que les fictions de l'Iliade « expriment à leur maniere , quelle » ſcène de prodiges vient nous charmer ? Quel fut le Génie qui ſût peindre les propriétés des élémens, les » facultés de l'eſprit , les affections du » cœur , les vertus & les vices ; qui ſût en faire *des Perſonnages conſtans* , » & qui les mît *en action* , ſans jamais leur faire de violence ? Nul Auteur n'eſt » entré en lice avec Homère à cet égard «.

Quiconque diroit que ces Poëmes renferment & des *faits* & des *Allégories* , ſe trouveroit d'accord avec tous les Savans, avec tous les Gens de Lettres qui ne ſongent pas à ſe ſingulariſer par des paradoxes. Ceux qui n'ont trouvé dans les Ouvrages immortels de ce Poëte ſublime que les *détails exacts des différens procédés du grand-œuvre*, ſont évidemment des *viſionnaires*, puiſqu'ils cherchoient à découvrir un ſecret qu'ils n'avoient pas; de l'exiſtence duquel ils ne voyoient aucune trace au tems d'Homère; & qu'ils ne pouvoient avoir aucune eſpérance de démêler, à travers des Allégories qu'ils forgeoient eux-mêmes, les procédés d'un Art qui leur étoit inconnu.

Des gens raiſonnables & bien intentionnés, qui chercheroient & qui parviendroient à trouver ſous l'envelope d'Allégories auſſi brillantes qu'heureuſes , ces vérités phyſiques , morales & politiques dont Homère eſt rempli, doivent-ils être confondus avec les gens dont vous parlez ? Il me ſemble que l'envie de bleſſer & d'humilier jette ici votre Logique dans d'étranges écarts. Denys d'Halicarnaſſe , Saluſte le Philoſophe , Varron , le Chancelier Bacon, l'Abbé Maſſieu , Freret , M. l'Abbé le Batteux, &c. ne ſeroient-ils que des *viſionnaires* ? Et de combien de noms reſpectables ne pourrois-je pas groſſir cette liſte ? Je pourrois même vous objecter votre propre autorité. N'avez-vous pas été forcé de dire [2] qu'*on ne peut nier que dans la Mythologie ancienne , il n'y ait des traits allé-*

(1) Préface de l'Homère Anglois de Pope.
(2) Décemb. p. 2589.

goriques? Vous les avez donc aperçus. Pourquoi refusez-vous aux autres le droit
de les apercevoir? Sont-ils devenus des visionnaires, parce qu'ils n'ont pas retenu
pour eux seuls, des observations dont ils ont cru que le Public pouvoit profiter ;
parce qu'ils ont respecté l'homme considéré en lui-même ; qu'ils ne l'ont pas regardé comme un monstre, & qu'ils n'ont pas cru qu'il ne pouvoit commettre
que des actions monstrueuses, avant que l'esprit & le cœur humain eussent fait
les immenses progrès dont nous jouïssons ; parce qu'ils ont publié que les principes & les effets des Arts de première nécessité avoient été transmis d'une génération à l'autre sous le voile de l'Allégorie ; qu'il étoit puérile de travailler à
se persuader que l'histoire des premiers âges étoit consignée dans des récits dont
le sens littéral réuniroit l'atrocité & l'indécence, & prouveroit par conséquent
que les Sociétés les moins nombreuses n'auroient pu subsister dans ces tems
d'horreur & de destruction ; qu'au contraire, le sens manifestement allégorique
de ces récits, étoit conforme en tout à la marche de la Nature ; qu'il se raportoit
aux premiers besoins des Sociétés naissantes, aux premiers moyens qu'il étoit
possible d'employer pour les faire cesser, à l'accroissement des besoins même par
la découverte successive des moyens de les satisfaire, & par le perfectionnement
ou l'augmentation des ressources puisées dans la Nature contre notre insuffisance
individuelle, insuffisance que les premieres découvertes ne faisoient sentir que
plus vivement? Pourquoi s'obstiner à chercher les ténébres & le désordre, où
les premiers traits de la lumiere & de l'harmonie sociale éclatent de toutes
parts ?

Je n'irai certainement pas chercher *les détails & les différens procédés du
grand-œuvre* dans Homère ; mais j'ai cherché les détails & les principaux procédés de *l'Agriculture*, & je les ai trouvés dans le fragment de Sanchoniaton,
Auteur plus ancien qu'Homère, & je les retrouve sans peine dans plusieurs autres écrits de l'Antiquité. Seroit-ce une *vision* que de soupçonner & même
d'affirmer que le premier & le plus important objet pour les sociétés naissantes,
a été le premier sujet de leurs chants & de leurs écrits ? Que les Hommes étant
parvenus à se délivrer des inquiétudes & des fatigues qu'entraînoit la recherche
de leur nourriture dans les productions spontanées de la terre, leur joie, leur
admiration, l'amour des Peres pour leurs enfans, la reconnoissance envers la
Divinité, dictèrent avant tout, la description d'un art qui affermissoit pour jamais la base jusqu'alors incertaine de leur réunion ? Comment pourrions-nous
en douter? Les transports de cette joie, de cette admiration, ne s'étoient même
pas ralentis dans des siécles très-postérieurs à Sanchoniaton. Le corps entier de
l'Histoire & de la Littérature dépose de ce fait essentiel. Ne faudroit-il pas, au

contraire, se faire une violence extrême pour supofer que les premiers chants
& les premiers écrits des hommes, ont eu pour sujet des aventures atroces ou
dégoutantes, attribuées à une longue suite de Rois, & arrivées dans des tems
& dans des pays où il n'y avoit, ni ne pouvoit y avoir de Rois? La découverte
la plus importante à l'humanité, n'a cessé d'être un objet public d'aplaudisse-
ment & de reconnoissance que dans des siécles très-postérieurs ; & la Fable même
prouve littéralement que l'Agriculture est le premier art que les hommes ayent
inventé, & célébré par des fêtes publiques.

On trouveroit aujourd'hui des Erudits qui croiroient qu'en débrouillant ou en
transportant d'un pays à un autre, la généalogie de Princes qui auroient régné
dans quelque recoin du Monde, ils se font rendus plus utiles que les Inventeurs
des moyens d'assurer des subsistances aux sociétés les plus nombreuses ; mais
aujourd'hui même où l'Agriculture n'est pas traitée avec la même distinction
que chez les Anciens, tous les gens sensés regarderoient ces Erudits comme
des *Visionnaires.* Ils leur diroient avec un Écrivain moderne : » l'ignorance &
» l'ingratitude placent toujours (1) un Art au même niveau que les mains
» grossières qui l'exercent. Mains respectables, par la nature des secours qu'elles
» fournissent à l'humanité; méprisées, parce qu'aucun éclat n'apelle les yeux
» sur ce qu'elles touchent. La multitude ne saura jamais que c'est du sein des
» travaux en aparence les plus abjects, & souvent du sein de la misere & des
» larmes, que sortent les richesses, la force & la splendeur des Empires ». Je
n'ai donc à rougir, ni comme homme, ni comme homme de lettres, d'avoir
montré l'Agriculture dans les écrits de la plus haute antiquité. Mais j'avoue que
j'aurois à rougir de n'y avoir vu que l'Agriculture.

Elle avoit été célébrée de vive-voix avant la découverte des Symboles primitifs de la parole, & elle avoit certainement fait naître différens arts utiles,
long-tems avant que l'écriture proprement dite eût été inventée. C'est par cette
raison, puisée dans l'ordre naturel des choses, que les Écrivains & les Monumens qui nous restent ont presque toujours fait entrer plusieurs Arts dans les
symboles ou dans les descriptions de l'Agriculture (†) ; mais on la voit per-

(1) Corps d'Observat. de la Soc. d'Agric. de Bretagne, ann. 1757. & 1758. pag. 6,
des Observ. prélim.

(†) » Ces premiers Arts que les hommes apprirent d'abord . . . font l'Agriculture,
» l'Art Pastoral, celui de se vêtir, & peut-être celui de se loger. Aussi ne voyons-nous
» pas le commencement de ces Arts en Orient, vers les lieux d'où le Genre humain s'est
» répandu. « (Disc. sur l'Hist. Univ. de B o s s u e t, pag. 10. édit. de Cramoisy, in-4°.
1681.)

féveramment placée au devant du Tableau , comme le germe de toutes les autres découvertes. C'eſt ce qu'avoient remarqué avant moi des Savans que perſonne encore ne s'étoit aviſé de traiter de *Viſionnaires ,* & qu'il eſt incroyable que vous placiez ſur la même ligne que ceux qui n'ont vû que le *grand-œuvre* dans les Poëmes d'Homère.

Vous avez , ſans doute , regardé comme une plaiſanterie gaie & de bon ton, la prédiction,qu'il *viendra un tems que la Henriade ſera expliquée* DE MÊME. Si vous avez voulu dire qu'il ſe trouvera des *Viſionnaires* qui prétendront y lire *les procédés du grand-œuvre ,* je crois pouvoir vous prédire à mon tour , que ce tems ne viendra jamais. Si vous avez voulu dire que *quelques-uns explique-ront* la Henriade *allégoriquement , prétendant qu'elle ne contient pas des faits, mais les détails exacts des differens procédés* de quelqu'Art chimérique, je vous prédis encore que ce tems n'arrivera pas. Mais je vous affirme , pour le préſent & pour l'avenir, qu'on ne verra dans la Henriade que ce qu'elle eſt ; c'eſt-à-dire, un Poëme dans lequel l'Auteur a réuni aux faits hiſtoriques les plus intéreſſans pour la Nation Françoiſe , les graces & la pompe des Allégories les plus nobles & les plus ingénieuſes. On y diſtinguera, comme dans les Poëmes d'Homère , ce qui appartient à l'*Hiſtoire* & ce qui appartient à l'*Allégorie.* A quel dégré d'ignorance ou de ſtupidité ne faudroit-il pas être parvenu, pour ne pas voir que le maſſacre de la S. Barthélemy, l'aſſaſſinat de Henri III , la bataille d'Yvri , le ſiége & la famine de la Capitale , le retour des Pariſiens à l'obéiſſance , après qu'Henri IV. ſe fût fait Catholique , & une foule d'événemens auſſi vrais qu'ex-traordinaires , appartiennent à l'Hiſtoire ? Par quel renverſement de bon ſens pourroit-on ne pas reconnoître des récits purement allégoriques , en liſant le voyage de la *Diſcorde* à Rome ; ſa confédération avec la *Politique* qui régnoit au Vatican ; leur courſe rapide à Paris pour armer,ſous le maſque de la Religion, la main parricide de Jacques Clément ; le ſommeil envoyé à Henri IV, pendant lequel Saint Louis le tranſporte en eſprit au ciel & aux enfers , & lui fait voir dans le Palais des Deſtins , ſa poſterité & les grands Hommes que la France doit produire? Et quelles reſſources de l'Allégorie ont été oubliées dans un Poëme où l'intérieur & tous les dehors du Temple de l'Amour ſont animés, où la Re-ligion , les vertus , les vices ſont perſonifiés & mis en action ?

Je crois qu'il ſuffit d'avoir une juſte idée de l'eſprit humain , d'avoir vécu avec des hommes éclairés , & de s'être nourri de la lecture de livres ſages & profonds, pour ſe borner à ne voir *que des faits* dans des écrits anciens qu'il eſt impoſſible d'attribuer à des inſenſés, & qui cependant, ſous un point de vue pu-rement hiſtorique,ne ſeroient qu'un ramas d'extravagances. J'oſe vous le dire,

l'acharnement à étayer un syftême qui s'écroule de toutes parts , feroit une de-
plus étonnantes *vifions* dans un fiécle auffi éclairé que le nôtre.

»On ne peut nier que dans la Mythologie ancienne , il n'y ait des traits *allégoriques* : mais que toutes les hiftoires
des *différentes* Divinités chez les *différentes* Nations ne foient qu'une feule &
même *allégorie* rapportée à l'*Agriculture & à ce qui en dépend* , c'eft un
fyftême infoutenable ».

Je n'ai jamais dit & je n'ai jamais
penfé que *toutes* les hiftoires des différentes Divinités ne fuffent *qu'une feule
& même allégorie* rapportée à l'*Agriculture & à ce qui en dépend*. Il eft au
moins étonnant que vous réduifiez à
trois articles, *Saturne, Mercure, Hercule*,ces innombrables hiftoires. Encore
n'y a-t-il dans les Allégories que j'ai
développées que celle de *Saturne* qui fe raporte. immédiatement à l'*Agriculture* ; celle de Mercure fe raporte à l'*Aftronomie* , & celle d'Hercule au *defriche-
chement* , au *defféchement* des Terres. » AGRICULTURE, ai-je dit, étoit [1] le
» mot de l'allégorie énigmatique que nous offroit Saturne & fa Fable. ASTRO-
» NOMIE fera le mot de celle que nous offre Thot ou Mercure ». Vous l'avez
remarqué vous-même , page 2882. de votre Extrait du mois de Décembre.

Direz-vous, pour m'échapper, que vous ne qualifiez de *fyftême infoutenable*
que celui. qui réduiroit tout à une *feule & même* Allégorie , rapportée à l'*Agriculture & à ce qui en dépend*; que l'Aftronomie étant une dépendance de l'Agriculture , vous êtes en droit de m'imputer que c'eft à cette *feule & même* Allégorie que j'ai tout rapporté ? Mais, Monfieur, il y auroit pour le moins une énorme
inéxactitude dans votre expreffion. L'art de régler à propos les travaux agricoles
dépend. de l'obfervation affidue de l'ordre des faifons , & des fignes céleftes
qui les précédent , les accompagnent & les fuivent. Dans ce fens , l'Agriculture feroit une *dépendance* de l'Aftronomie : mais jamais qui que ce foit ne s'eft.
avifé de dire que cette fcience *dépendît* de l'Agriculture ; on pourroit dire avec
autant de juftelle que l'Aftronomie *dépend* de la *navigation*.

D'ailleurs, Monfieur, vous feriez tombé dans cette faute de raifonnement fi fouvent reprochée à ceux qui fe laiffent emporter par le défir d'avoir raifon dans les
cas où ils fe trompent le plus' vifiblement, & l'on vous diroit, *qui prouve trop ne.
prouve rien*. En effet , fi je trouvois dans une Allégorie ancienne la defcription
d'un *Art* quelconque ; fi j'y reconnoiffois d'après leur défignation,ou par des ufa-
ges & par des noms qui fe fuffent confervés jufqu'à nous , quelques inftrumens

_____

(1) Page 100 des Allég. Orient.

ou quelques moyens qu'un Laboureur pût apliquer utilement à ſes travaux, vous pourriez ſoutenir avec autant de ſolidité, que j'ai raporté cette Allégorie à l'Agriculture & que l'*Art* dont j'aurois reconnu la deſcription en *dépend*. Mais je n'apuierai pas plus long-tems ſur cette méprie, quoiqu'elle paroiſſe volontaire. J'ai un reproche d'une toute autre importance à vous faire.

On ne peut nier, dites-vous, *que dans la Mythologie ancienne il n'y ait des traits Allégoriques.* A quoi les avez-vous diſtingués *des traits* qui, ſelon vous, ſont d'un autre genre? Ce diſcernement ne ſeroit-il difficile, ou même impoſſible qu'au reſte des hommes, & la Nature vous auroit-elle donné, à cet égard, un inſtinct, un tact excluſif? Je n'uſerai pas de repréſailles, Monſieur, & je ne vous imputerai pas une prétention ſi exhorbitante, pour ne rien dire de plus. Mais vous me mettez en droit de vous ſommer de publier les régles qui vous ont conduit à démêler avec ſureté ce que vous dites être une ſource de méprie pour les Gens de Lettres. Cacher des inſtrumens de cette importance, c'eſt faire naître des doutes, & peut-être plus que des doutes ſur leur exiſtence. Vous affirmez a pluſieurs repriſes que la Mythologie *ancienne* eſt une branche de l'Hiſtoire. Vous avouez ici qu'on ne peut nier qu'elle ne renferme des traits Allégoriques. Pour peu qu'on vous preſſât, on vous forceroit à avouer que la ligne de démarcation entre l'Hiſtoire & l'Allégorie n'eſt pas toujours aſſez nettement prononcée pour diſſiper tous les doutes; enſorte qu'il doit néceſſairement reſter plus ou moins de *traits* qu'il eſt très-difficile, ſelon vous, & peut-être impoſſible de claſſer avec ſureté. Si vous avez nettement diſtingué les uns des autres, il faut que vous ayez eu des régles pour vous conduire. Si vous n'en aviez pas, vous ignoreriez la réalité des *traits Allégoriques*, & vous ne l'ignorez pas, puis que vous établiſſez en maxime qu'*on ne peut la nier.* Croyez-vous qu'il eût été au-deſſous d'un Ecrivain qui a dicté tant d'arrêts ſur cette matière, de donner au moins une idée des principes infaillibles de critique qui l'ont dirigé?

Ne dites pas que ces inſtructions vous euſſent mené au-delà des bornes d'un extrait; c'eſt l'apanage des hommes tranſcendans que d'éclairer toutes les routes avec quelques grands traits de cette lumiere vive & féconde qui dirige & les contemporains & la poſtérité. D'ailleurs, il n'eſt pas ſi eſſentiel aux *Extraits* d'avilir les ouvrages qu'on examine, qu'il ne ſoit permis d'y faire entrer d'utiles inſtructions; & quand même on tomberoit alors dans l'inconvénient de la longueur, ce ne ſeroit certainement pas la partie de l'Extrait la plus ennuyeuſe. Vous n'avez pas voulu diſſiper les ténèbres dont vous penſez que je ſuis envelopé. Peut-être un défi me fera-t-il obtenir de votre amour-propre, ce que j'aimerois mieux devoir à votre amour pour les Lettres & pour ceux qui les cultivent. Je vous défie donc d'établir & de publier les régles de critique d'après lesquelles vous prétendez avoir diftingué avec fureté dans la Mythologie *ancienne*, les traits Allégoriques, des faits hiftoriques. Si vous gardez le filence, j'en conclurai, & j'efpere que le Public en conclura avec moi, que tout ce que vous avez débité contre mon Ouvrage fur cet objet effentiel, eft pour le moins hazardé. Si le fentiment de vos forces vous détermine, au contraire, à publier votre fecret, comptez fur la promptitude de mon hommage : j'avouerai fans reftriction que j'ai été égaré par les principes que j'ai fuivis dans l'explication des Allégories Orientales fur Saturne, Mercure & Hercule. Vous voyez, Monfieur, que l'amour des Lettres eft la feule paffion qui m'anime.

Imputations d'incapacité, d'ignorance, de préfomption, d'enthoufiafme.
Perfiflage, injures, &c.

« Dans le Plan de l'Ouvrage (1) on ne voit que des annonces & des promeffes de Traités differens. Pour les exécuter, il faudroit *une Société* des plus favans Hommes de *toutes les Nations*, qui fuffent toutes les Langues, qui euffent fous les yeux *tous* les Monumens : *nous doutons encore qu'ils puffent y réuffir.* »

Il doit me fuffire de vous répeter, d'après M. de Guignes, qu'un *Plan*, un *Profpectus*, une *Annonce*, ne peut & ne doit contenir que des *annonces & des promeffes de Traités.*

A l'égard de la *Société des plus favans Hommes de toutes les Nations*, je l'ai trouvée, fur les matières dont je m'occupe, dans mes livres, dans ceux de mes amis, dans les Bibliothéques de France & des Pays étrangers dont les livres m'ont été indiqués & communiqués par des Savans diftingués. Ils ont même bien voulu m'aider de leurs obfervations & de leurs lumières. Ils m'ont perfuadé, par ces actes d'honnêteté & de bienfaifance, qu'ils ne jugeoient pas de mon entreprife avec le mépris dont vous faites oftentation à chaque page de vos Extraits. Je dois à leur amour pour les Lettres, cette *Société* qui réunit éminemment les lumières de *toutes* les Nations, la connoiffance de *toutes* les Langues & de *tous* les Monumens : malgré ces avantages, je n'afpire nullement à vous troubler dans le plaifir de *douter* du fuccès de quelqu'Ouvrage que ce foit.

(1) Nov. p. 2186.

« L'Auteur *tout seul*, sans connoître (1) de ces Langues que *quelques mots.....* osa *annoncer* un pareil travail. Pour parler exactement d'une Langue, il faut la connoître & l'entendre. Celui qui *n'en a que quelques mots* qu'il cherche *avec peine* dans un *Dictionnaire*, *s'en impose à lui-même* lorsqu'il veut en développer les origines. »

Vous venez de voir, Monsieur, que je ne suis pas *tout seul*; que j'ai commencé par me mettre en bonne & nombreuse Compagnie.

Les Bibliothéques des Hommes les plus savans dans les Langues, contiennent des *Dictionnaires*; ce qui seroit fort étrange, & peut-être ridicule, s'il leur étoit interdit d'y avoir recours. Lisez le Mémoire de M. de Guignes dans lequel il *essaye d'établir* que la *Nation Chinoise est une Colonie Egyptienne* (2). Vous y verrez (*pag.* 8 , 9 , 15 , 16 , 21) qu'il n'a pu se dispenser de recourir à des Dictionnaires, lorsqu'il a voulu comparer la forme, le sens, le son de mots & de lettres Hébraïques ou Phéniciennes, à la forme, au sens, au son de mots & de caractères Chinois. Il est vrai que, selon toute apparence, M. de Guignes trouve avec facilité tout ce qu'il veut dans ses Dictionnaires, au lieu que vous affirmez que je n'y *cherche qu'avec peine*.

Je n'ai qu'une réponse à vous faire : comment le savez-vous ? Comment pourriez-vous même le savoir ? Et ne le sachant pas, quelles peuvent être les dispositions d'esprit & de cœur qui vous ont porté à l'affirmer ? Regardez-vous ces dispositions comme essentielles à un Journaliste ?

« Prétendre découvrir [3] tant de choses dans l'Antiquité, n'est-ce pas aller trop loin ? C'est se livrer à des conjectures *frivoles & hazardées*. »

J'ai peine à concevoir comment *prétendre découvrir*, ce soit *se livrer à des conjectures*. Peut-être avez-vous voulu dire que les découvertes que je prétendois pouvoir faire, ne seroient fondées que sur des conjectures *frivoles & hazardées*. Dans ce cas, je vous dirai que je comprends encore moins comment vous vous y prenez pour savoir d'avance ce qui entrera dans des Traités qui ne sont qu'*annoncés*, que vous n'avez pas vus, dans lesquels il peut entrer des conjectures, sans que tout y soit *conjectures*, & sans qu'elles soient toutes *frivoles* & en même tems *hazardées*.

---

(1) *Ib.* p. 2187.
(2) Mém. de l'Acad. des Insc. & Bell. Let. Tom. XXIX.
(3) Nov. p. 2189.

Prétendre découvrir tant de choses dans l'avenir, *n'est-ce pas aller trop loin?* Et comment qualifier, fans vous bleffer, les *conjectures* que vous croyez être en droit de former & de publier?

Vous connoiffez, fans doute, les Mémoires de l'Académie des Belles-Lettres, & le Journal des Savans. Il a dépendu de vous d'y chercher & d'y trouver une multitude de découvertes qui ont été faites depuis un fiécle fur les Monumens les plus obfcurs de l'Antiquité. Il y en a peu dans lefquelles il ne foit entré quelques conjectures pour lier plus étroitement des faits conftans en eux-mêmes, dont le raprochement, la liaifon & la connexité forment proprement les découvertes; mais les conjectures n'en font pas la bafe. Quel honneur ç'eût été pour un Journalifte qui auroit vu *l'annonce* de ces Ouvrages avant leur publication, que de prédire au Public qu'il n'y trouveroit que des conjectures *frivoles & hazardées*! Heureufement, les Ecrivains qui ne confultent qu'un amour-propre éclairé, ont la prudence de ne jamais dicter au Public des jugemens qu'il pourroit rejetter; & lorfqu'ils croient pouvoir *hazarder* le leur, ce n'eft jamais fur des ouvrages qu'ils n'ont point examinés, qu'ils ne connoiffent même pas.

«*Doctrine Symbolique* [1] *des Nombres....* Elle eft fort obfcure; mais après les efforts de notre Auteur, les réfultats, dit-il, feront auffi *fatisfaifans* que *lumineux.* Il faut avouer que fon *imagination* lui fait apercevoir ce que les plus favans Hommes, *après des recherches profondes*, n'ont pu découvrir.»

Voilà bien des Arrêts entaffés en peu de lignes.

Cette Doctrine eft *obfcure* ou FORT *obfcure* en raifon de l'application avec laquelle on l'a étudiée, & des raprochemens de faits que l'étude & l'application ont donné lieu de faire. Je n'ignore pas qu'elle eft *obfcure* pour beaucoup de gens; je vois bien qu'elle eft *fort obfcure* ou *très-obfcure* pour

vous; & je la crois d'une obfcurité impénétrable pour tous ceux qui font décififs, quoique fuperficiels.

Vous avez cru ne pouvoir vous difpenfer d'*avouer* que c'eft mon *imagination* qui me fait appercevoir les réfultats que j'annonce. Ce n'eft point là un *aveu*, c'eft une *décifion*. Quel intérêt, ou quelle miffion avez-vous pour faire un *aveu* qui ne feroit autant que dans la bouche d'un homme qui fe feroit trompé, qu'on en auroit convaincu, & qui auroit la modeftie d'en convenir? J'*avoue* qu'il eft poffible que mes réfultats ne foient pas auffi *fatisfaifans*, auffi *lumineux* que je

---

(1) Nov. p. 2189.

l'ai efpéré ; mais *avouez* auffi que votre décifion eft tout au moins précipitée , puifque vous ignorez ce que j'ai raffemblé , & ce que j'ai apperçu ou cru apper- cevoir dans la *Doctrine fymbolique des Nombres.*

D'où partez-vous , Monfieur, pour me traiter avec fi peu de ménagement ? De ce que j'annonce que j'ai *apperçu* ce que les plus favans Hommes, après des recherches profondes, n'ont pu *découvrir* ? N'êtes-vous pas effrayé de la fingu- larité de votre dialectique? Les plus favans Hommes n'ont pu découvrir une chofe, donc perfonne ne la découvrira. Ignoreriez-vous qu'en tout genre, l'homme le plus ordinaire peut faire des découvertes qui ont échapé à des hommes fupé- rieurs nou-feulement en favoir , mais en pénétration ? Ignoreriez-vous que le concours & le raprochement de vues éparfes, d'obfervations ou de découvertes particulières, peut faire naître des idées qu'on n'auroit jamais eues fans ces pre- mieres données ? En un mot , ignoreriez-vous qu'il n'y a peut-être pas autant de découvertes qu'on puiffe attribuer à des Savans, & fur-tout à des recherches profondes , qu'à ce que nous nommons le *hazard* ? Ne favez-vous pas, d'ail- leurs, *qu'une vue foible , & que fa foibleffe même rend attentive , apperçoit quel- quefois ce qui avoit échapé à une vue étendue & rapide* [1]? Voulez-vous que je renferme dans un feul fait, une réponfe tranchante à votre décifion contre la poffibilité des découvertes qui n'auroient pas encore été faites ? Voici ce fait que je crois digne de toute votre attention.

Le favant Evêque d'Avranches , M. HUET, penfoit que « fi toute la Nation » des *Indiens & des Chinois* n'eft pas defcendue des *Egyptiens*, elle l'eft du moins » *en la plus grande partie* [2]. Entre tous ces *effaims d'Egyptiens*, qui inon- » derent les Indes, les *Chinois*, dit-il, méritent d'être confidérés en leur particulier. » On trouve chez eux *des marques bien fenfibles de leur origine*, une grande con- » formité de *Coutumes* avec celles des Egyptiens, leurs doubles lettres *hiérogly-* » *phiques & profanes*, quelqu'affinité même *de leurs langues* . . . Quoique *les* » *Chinois foient fortis d'Egyptiens* en tout ou en partie, avec le refte des In- » diens , ils ont pourtant fait depuis long-tems un Peuple féparé ».

Ce n'étoit encore là qu'un germe ; & quoique préfenté de bonne main , le tems du dévelopement n'étoit point encore arrivé.

En 1732 & 1736 , M. de Mairan, qui connoiffoit l'Ouvrage de M. Huet, reprit la même matiere , raffembla differens raports pour établir que les Chinois

---

(1) Confidér. fur les mœurs, par M. DUCLOS, ch. 3.

(2) Hift. du Comm. & de la Navig. des Anciens, ch. IX. & X.

font une Colonie Egyptienne, un *effaim d'Egyptiens*. Le P. Parrenin, à qui il adreffoit fes obfervations, & à qui il demandoit de nouveaux éclairciffemens pour fortifier & pour complexter le paralléle de ces deux Peuples, n'étoit pas de fon avis [1]. Il y a lieu de croire que de fortes difconvenances peuvent empêcher les Savans de s'accorder fur ce paralléle : car M. de Guignes n'a pas caché au Public, que plus de vingt ans après, c'eft-à-dire en 1758, il étoit encore perfuadé, comme le P. Parrenin, qu'il n'avoit point *paffé à la Chine de Colonies Egyptiennes* ; qu'il ne pouvoit s'imaginer *que les Chinois euffent jamais rien pris des Egyptiens*. Mais le tems de la découverte qui avoit échapé à M. Huet, à M. de Mairan, au P. Parrenin, à M. de Guignes lui-même, aprochoit ; elle n'avoit befoin, pour éclore, que d'une autre découverte digne de la reconnoiffance des Savans, & qu'ils doivent à M. l'Abbé BARTHELEMY.

Les recherches fur les Lettres Phéniciennes parurent. M. de Guignes fe propofoit alors de travailler *fur la maniere dont les Lettres Alphabétiques avoient pu être formées*. Il avoit devant lui l'Alphabet des Lettres Phéniciennes. Pour *fe délaffer*, il s'avife de jetter les yeux fur un Dictionnaire Chinois qui contient la forme des Caractères antiques. C'eft dans cet heureux moment de *délaffement* que la reffemblance d'*une* feule Figure Chinoife, à *une* feule Lettre Phénicienne, devient pour M. de Guignes la démonftration la plus *fatisfaifante* & la plus *lumineufe* d'une foule de vérités. Rien n'eft plus intéreffant que de l'entendre lui-même faire le récit de fes nombreufes & rapides découvertes.

« Je fus frapé tout-à-coup d'apercevoir *une* Figure (Chinoife) qui reffembloit
» à *une* Lettre Phénicienne [2]. Je m'attachai *uniquement* à ce raport : je le
» fuivis & je fus étonné *de la foule de preuves* qui fe préfentoient à moi … Je fus
» alors *convaincu* que les *Caractères*, les *Loix* & la *forme du Gouvernement*, le
» *Souverain*, les *Miniftres mêmes* qui gouvernoient fous lui, & l'*Empire entier*
» étoit Egyptien ; & que *toute* l'ancienne Hiftoire de la Chine *n'étoit autre chofe*
» que l'Hiftoire d'Egypte qu'on a mife à la tête de celle de la Chine … Je trou-
» vai encore les Caractères qui ont donné naiffance à ceux des Hébreux, des
» Arabes, des Syriens, des Ethyopiens & des Phéniciens : c'eft-à-dire, *les pre-*
» *miers Caractères du Monde, & une grande partie de la Langue Phénicienne* ».

---

(1) Lettres de M. de Mairan & du P. Parrenin, Paris., Imp. Roy. 1770. Et Recueil des Lettres Edif. Tom. XXIV.

(2) Mém. dans lequel on prouve que les Chinois font une Colonie Egypt. pag. 36. de l'Avant-Propos.

Je me fais un plaiſir de remarquer que des découvertes ſi promptes, ſi mul-
·tipliées, ſi importantes, furent préſentées à l'Académie des Belles-Lettres avec
la plus grande modeſtie. M. de Guignes ne donne ſon Mémoire qu'afin que
·cette ſavante Compagnie *juge* s'il ne s'eſt point *égaré*: il déclare que ce n'eſt
·qu'un *eſſai* : qu'il *ne ſe flatte point de réuſſir* dans ſon entrepriſe ; qu'il *a cru ſeu-
lement pouvoir la tenter.*

Dans le *Précis* de ſon Mémoire, qu'il publia au commencement de l'année
ſuivante [1], on retrouve à peu-près la même retenue : cependant, il fut impoſſible à M. de Guignes de diſſimuler plus long-tems qu'il regardoit ſes obſervations comme des preuves, & les conſéquences qu'il en tiroit comme des dé-
monſtrations : auſſi s'expliqua-t-il dans des termes ſi meſurés, que je vais,
Monſieur, les remettre ſous vos yeux, de peur d'en diminuer le prix en les
abrégeant

« Qui ſait juſqu'où pourra nous conduire la lumière qui nous éclaire ? Qui
» ſait ſi nous ne touchons pas au moment où bien des myſtères vont ſe dévelop-
» per ? Je n'affirme rien. Cependant *la Langue* des hyéroglyphes, inconnue de-
» puis ſi long-tems en Egypte, eſt encore *vivante* à la Chine, & j'ai tant de
» preuves que c'eſt de part & d'autre la même Langue...! Mais, je le répete,
» je n'affirme rien. Me ſera-t-il, du moins, permis de propoſer la queſtion
» ſuivante ?

« *Que deviennent les Chinois*, & cette durée immenſe qu'ils attribuent à leur
» Empire, & *toutes* ces diviſions en tems hiſtorique, incertain & fabuleux, &
» *tous* ces Ouvrages qu'on a faits pour établir leur chronologie, & *tous* ceux
» qu'on a faits pour la détruire, & *toutes* les preuves qu'on en tire contre
» les Livres de Moyſe, & *tous* les ſyſtêmes qu'on a produits pour défendre le
» témoignage de ce Légiſlateur, & cette ſupériorité en *toutes* choſes qu'on ac-
» corde aux Chinois, & *tout* ce qu'on a dit, & *tout ce qu'on diroit encore* ſur
» un ſujet ſi important ? *Tout cela diſparoît*, & il ne reſte plus qu'un fait ſimple :
» c'eſt que les anciens Sauvages de la Chine, ainſi que ceux de la Grèce, ont
» été policés par les Egyptiens ; mais qu'ils l'ont été plus tard, *parce que* la Chine
» eſt plus éloignée de l'Egypte que la Grèce ».

Je ne pouvois choiſir un exemple plus propre à vous convaincre de trois

---

(1) L'impreſſion de ce Précis étoit néceſſaire pour que le Public fût promptement
inſtruit des découvertes de M. de Guignes, parce que ſon Mémoire qu'il lut au mois
d'Avril 1758, ne fut imprimé qu'en 1764.

G

vérités que j'ai avancées: l'une, qu'on peut faire les découvertes les plus inef-
pérées fur des matières dont des Savans fe font fortement occupés: l'opinion contraire ne feroit propre qu'à décourager, & par conféquent à refferrer dans un
cercle très-étroit la fomme poffible des connoiffances humaines. L'autre, que les
recherches & les vues des différens Savans de tous les fiécles & de tous les pays,
font autant d'échelons pour faifir le but vers lequel ils ont marché, fans cependant parvenir à l'atteindre : le travail & l'application augmentent de jour en
jour le nombre de ces échelons, & l'on parvient enfin au moment où il ne
refte plus qu'un pas à faire. La troifiéme, qu'on doit fouvent au *hazard* des découvertes qui fe font dérobées aux Savans & à leurs profondes recherches.

Effaçons des faftes de la Littérature quelques lignes de l'Hiftoire de la Navigation des Anciens de M. Huet, & quelques pages des Lettres de M. de Mairan,
la découverte qu'a fait M. de Guignes fera peut-être retardée d'un fiécle. Allons
plus loin, confervons aux Savans ce qu'ont écrit M. Huet & M. de Mairan fur les
raports entre les Nations Egyptienne & Chinoife; mais fuprimons la découverte
de M. l'Abbé Barthelemy, nous retrouverons M. de Guignes au point où il étoit
en 1758, c'eft-à-dire *perfuadé* qu'il n'avoit point *paffé de Colonie Egyptienne à
la Chine, & ne pouvant s'imaginer que les Chinois euffent jamais rien pris des
Egyptiens*

J'ai trouvé, fans fortir de ma Bibliothéque, beaucoup plus de travail fait fur
la Doûrine Symbolique des Nombres, que n'en avoit M. de Guignes fur cette
Colonie Egyptienne qui a peuplé la Chine dans des fiécles fi éloignés du nôtre,
à une diftance fi grande de l'Egypte, & par des routes inconnues à tout l'Univers. Pourquoi affirmez-vous qu'en lifant, en méditant les écrits des Savans qui
nous ont précédés, en raprochant de leurs obfervations & de leurs découvertes, ce qui a été obfervé & découvert depuis, je ferai d'inutiles efforts
pour avancer dans la route qu'ils ont ouverte & frayée ? Pourquoi chercher à
engourdir, à mon occafion, tous les hommes laborieux, par des arrêts fi dé-
courageans ? *Il femble*, pour me fervir des expreffions d'un grand Seigneur qui
a fi bien connu & fi bien peint les hommes (1), *il femble que vous ayez peur
de trouver la vérité* dans l'Ouvrage que j'ai annoncé.

» Nous ne pouvons fuivre l'Auteur   Vous renoncez enfin à la méthode
dans le détail de toutes fes explications   facile & prudente de tout méprifer,

---

(o) Réflexions, Sentences, Maximes, &c. Paris, 1725. page 7.

(*allégoriques*) dans lesquelles il montre *continuellement* combien il est *peu versé* dans la connoissance des *Langues Orientales*... Nous nous bornerons à *quelques* observations particulieres. »

de tout proscrire sans rien discuter : vous entrez en lice pour prouver au Public combien je suis *peu versé* dans les Langues *Orientales*. Je crois *pouvoir vous suivre* dans cette route. Vous avertissez que mon ignorance se montre

continuellement; vous n'avez donc eu que l'embarras du choix, dans la multitude d'inepties qui vous ont frappé, & on ne vous soupçonnera pas d'avoir mal choisi par distraction, ou de propos délibéré. Examinons donc ces preuves d'élite qui doivent constater votre supériorité & mon ignorance dans les Langues Orientales.

» En parlant d'Elioun (1), mot Phénicien qui signifie le Dieu suprême, il dit que ce mot a le plus grand raport avec *Ello·him* : il auroit dû dire *Elohim*. Au reste, ces mots n'ont aucun raport entr'eux dans leurs racines ; & l'un & l'autre sont differens noms de la Divinité. »

Vous parlez ici en votre nom. Cependant, Monsieur, vous ne faites que répéter mes expressions. J'ai dit, Elion, *en Phénicien, signifie Dieu, le Dieu suprême* (2).

Le mot *Elion* a pour racine על qui se lit également *hol, el, al*, & qui signifie *sur*, en Latin *super*: il répond aux idées *d'élévation*, de *supériorité*.

ON, est quelquefois une simple terminaison. Lorsque c'est un mot radical, il répond aux idées de *force, puissance, richesse, gloire* : ainsi *Elion* peut être traduit par ces phrases, *la suprême puissance, le Dieu suprême, Dieu* (†).

Le mot Elohim a pour racine אל, qui se lit également *al* ou *el*, & qui répond aux idées de *supériorité* & de *force*.

Him, est un radical qui signifie *immensité*; il est en même tems l'expression du *superlatif*, comme le mot im-*us* des Latins, qui en effet en dérive, *turpis*, *turpiss-im-us*.

Il y a donc beaucoup plus que de l'inéxactitude à dire qu'*Elion* & *Elohim* n'ont A u c u n *raport* entr'eux *dans leurs racines*, puisque la consonne radicale ·, L, est la même dans les deux mots. Aussi Moyse se sert il & du

---

(1) Déc. p. 2577.
(2) Allég. Orient. p. 23.
(†) Elion, dit Robertson au sujet des dix noms de Dieu, signifie Elevé, Haut, Très-Haut.

mot *Elion*, & du mot *Elohim*, pour exprimer *le Très-Haut* : d'où vous devez conclure de plus, qu'ils ont *le plus grand raport* du côté du sens.

Enfin, s'il étoit question du simple raport de son, je demanderois avec confiance à quiconque n'est pas sourd, s'il n'en trouve aucun entre *Elion* & *Elohim*. Et si, comme j'ai lieu de le croire, la réponse m'étoit favorable, il me
semble que je pourrois assurer que dans leurs *racines*, leur *signification*, leur
son, ces mots ont *le plus grand raport entr'eux*.

Je n'ai écrit qu'une seule fois *Ello-him*. Par-tout ailleurs, vous avez dû
voir dans mon Ouvrage, en caractères courans, majuscules & italiques, *Elohim*. L'équité seule devoit donc vous porter à penser que ce pouvoit être une
faute d'impression, & que je n'avois pas besoin de cette grave leçon, *il auroit dû dire Elohim* : mais il ne tenoit qu'à vous d'apercevoir que j'avois écrit
Ello-him de dessein prémédité, & pour me faire entendre plus aisément.

De quoi s'agissoit-il dans l'endroit où j'ai employé cette orthographe ? De
faire sentir que le mot *Elion*, employé par Sanchoniaton, n'est point un nom
d'homme; que par conséquent, il falloit traduire ce mot & s'arrêter à sa signification propre, qui est *le Très-Haut*. J'ai dit que Philon, Traducteur de Sanchoniaton, n'ayant point trouvé de mot dans la Langue Grecque pour rendre
Elion, l'avoit conservé & l'avoit paraphrasé sur le champ par le mot *Hypsistos*,
qui signifie aussi *le Très-Haut*; que Moyse avoit désigné le *Très-Haut*, la Divinité, par *Elion*; & qu'enfin ce mot avoit le plus grand raport avec l'*Allah* des
Arabes, dont la traduction littérale est le *Très-Haut*. Pour rendre ce dernier
raport plus frapant, j'ai redoublé la consonne radicale *L*, & j'ai écrit *Ello-him*,
parce que la même consonne est redoublée dans *Allah*, & que ce redouble-
ment de la consonne est la seule différence qu'il y ait entre les deux mots dont
il s'agit, de l'aveu même d'un grand nombre de Savans, & sur-tout de GOLIUS
dans son Dictionnaire Arabe, qui raportent *Allah* au verbe *Aleh*, ou *Elah*,
écrit par un *L* simple, & qui signifie *élever, cultiver, adorer*. AL, EL, HOL,
sont les racines des mots *Elion*, *Elohim*, *Ello-him*, *Allah*, qui renferment
tous l'idée d'*élévation*, de *supériorité*, & qui signifient tous *le Très-Haut*. Il
étoit donc aisé de sentir pourquoi, en plaçant *Elohim* à côté d'*Allah*, j'avois
orthographié *Ello-him*; sur-tout en voyant que j'avois orthographié le même mot
sans double *L*, & sans trait d'union, lorsque je n'ai pas eu besoin d'en
marquer le raport avec le mot Arabe qui signifie *le Très-Haut*.

Je suplie mes Lecteurs de pardonner à ma position forcée, la sécheresse &
l'ennui inséparables d'une explication que vous leur auriez épargnée, si vous
aviez examiné mon Ouvrage avec plus d'attention & moins d'humeur.

» Dans fon fyftême (1) *Elioun* eft donc la Divinité, & *Berout*, femme d'*Elion*, n'eft autre chofe que la *Création*, ou l'acte de créer; ce qui eft *affez fingulier*, que l'acte par lequel Dieu crée, foit en même tems fa femme. «

Que les opinions des Anciens fur la création ayent été fauffes, mal digérées, incohérentes, cela nous eft fort étranger ; il nous fuffit de favoir quelles étoient ces opinions, pour que nous puiffions ranger dans la claffe des faits, qu'ils avoient telle ou telle opinion.

Dans l'ordre des faits, la *fingularité* ne change rien à la réalité. « Chaque » Nation a eu fes *Allégories* (2) & fes Fables fur *l'origine* du Monde, fur la *for-* » *mation* des êtres particuliers… Ces Cofmogonies ne font venues jufqu'à nous » que fous l'enveloppe des *Allégories* & des fictions poëtiques, dont l'imagina- » tion enflammée des hommes de ces pays, aime à revêtir les objets les plus » fimples. C'eft pour cela qu'elle repréfente *l'action du fouverain Etre dans la* » *production de l'Univers*, non comme une *création*, idée philofophique fur » laquelle l'imagination ne peut avoir de prife, mais comme une GÉNÉRA- » TION, c'eft-à-dire, comme une chofe qui a *quelqu'analogie* avec *cette efpece* » *de production*, dont nous fommes tous les jours les témoins. »

D'après cette obfervation, il eft évident que M. Freret n'eût rien trouvé de *fingulier* dans la premiere phrafe du fragment de Sanchoniaton. Il lui eût paru très-conforme à l'efprit oriental que le mot *Elion* fignifiant *Très-Haut*, & le mot *Berouth* fignifiant la *Création*, la premiere phrafe de l'Allégorie de Saturne portât en termes exprès, *alors vivoit le* TRÈS-HAUT ; *fa femme s'apelloit la* CRÉATION, *& d'eux naquirent le Ciel & la Terre*. Tant il eft vrai que la *fingularité* peut appartenir aux perfonnes auffi-bien qu'aux chofes. Vous pardonnerez à un ignorant de remarquer que le langage ordinaire des Anciens ne devroit pas paroître *fingulier* à ceux qui fe piquent d'érudition.

» En fe laiffant entraîner par fon imagination, l'Auteur au moins ne devroit pas en impofer fur les textes, ni faire croire qu'il les a fous les yeux. Nous trouvons dans une Note cette remarque à l'occafion du mot *Bara*, ברא, qui fignifie créer : « la phrafe Phé-

Cette accufation eft bien grave. Je ferois inconfolable, fi je n'étois pas en état de faire voir qu'elle fupofe tout au moins un défaut d'attention qui, dans un Journalifte, équivaut à la mauvaife foi.

N'ayant aucune miffion directe

---

(1) Déc. p. 2577.
(2) Défenf. de la Chron. contre Newton, par Freret, p. 374.

„ nicienne , dit-il , a plus de raport „ encore à celle où Moyse substi-„ tuant au verbe *Bara*, le verbe קָנֵה „ *Kané* (Gen. XIV. 19.), dit qu'E-„ lioun engendra le Ciel & la Terre. „ C'est le mot même dont se sert San-„ choniaton. „ Comment peut-on le savoir puisque le texte de Sanchoniaton n'existe plus depuis bien des siécles ? N'est-ce pas en imposer à ceux qui l'ignorent?

pour examiner mon Ouvrage , vous n'avez pu , sans manquer essentielle-ment au Public, en faire imprimer de prétendus Extraits, sans l'avoir lû attentivement. Un Journaliste *en impo-seroit* à tous les Lecteurs, s'il s'avisoit de rendre compte, d'aprécier, de juger d'après une lecture inattentive, superficielle, dédaigneuse. Il faut donc que je supose que vous avez lû mon Ouvrage avec attention, que vous l'avez lû tout entier , & que vous avez tâché de vous garantir des prestiges qui naîtroient de l'amour-propre, & qui conduiroient si aisément à la plus aveugle partialité.

Vous avez donc lû (page 13 de mes Allégories Orientales) que ce qui nous restoit de Sanchoniaton, se réduisoit à *deux fragmens conservés* par Eusébe ; qu'Eusébe les *emprunta* de la TRADUCTION que Philon *en avoit faite en* GREC ; que malheureusement l'ORIGINAL *Phénicien* & la *Traduction Grec-que* N'EXISTENT plus; mais qu'il est impossible (page 17) de ne pas regarder le Texte *Grec* comme une *Traduction* d'un Ouvrage écrit *originairement* en Phénicien.

Après une exposition si claire, si précise , de la perte absolue de l'*Original* en Phénicien, & de la *Traduction* même, puisque j'avertis qu'il ne nous reste de celle-ci que *deux fragmens* assez courts, *conservés* par Eusébe, est-il croyable que vous ayez osé dire que *j'en impose sur les textes*, & que j'ai cherché à *faire croire* que je les avois *sous les yeux ?* Il étoit plus simple de m'accuser de démence, parce qu'en effet il faudroit être en démence, pour dire qu'un texte *n'existe plus*, & que cependant *on l'a sous les yeux*. Mais voyons ce qui vous a servi de prétexte pour risquer l'imputation, aussi odieuse que gratuite, que *j'en impose sur les textes*.

Dans le premier verset de la Genèse, Moyse dit que Dieu *créa* le Ciel & la Terre. Le texte Hébreu employe le verbe *Bara*, qui signifie *créer*.

Dans un autre texte de Moyse, où il est dit que Dieu créa le Ciel & la Terre (1), le Texte porte le verbe *Kané*, qui signifie *engendrer*.

---

(1) Gen. XIV. 19.

Le fragment de Sanchoniaton dit en style allégorique, ce que Moyse énonce comme Historien : on y lit qu'Elion ou le *Très-Haut*, & sa femme Berouth ou *la Création*, engendrerent le Ciel & la Terre. Philon, qui a traduit en *Grec* le texte *Phénicien*, se sert du mot γενναται, *gennatai*, qui signifie *engendra*, *produisit*.

En rapprochant ces différentes expressions, j'ai pensé & j'ai dit que la phrase de Sanchoniaton avoit plus de raport avec celle où Moyse se sert du verbe KANÉ, *engendrer*, qu'avec celle où il employe le verbe BARA, *créer*. Je l'ai pensé, parce que Philon a traduit le mot Phénicien, que nous n'avons plus, par un mot grec qui signifie *engendrer* ; ainsi je n'ai point douté que Sanchoniaton n'eût employé dans le texte original le verbe *Kané*, parce qu'il n'y a point de mot qui corresponde mieux au mot primitif des Grecs *ganein*, dont la signification est *engendrer*. Elion *engendra* le Ciel & la Terre : *c'est le mot même*, ai-je dit, *dont se sert Sanchoniaton*. En effet, le mot *engendrer* est celui dont s'est servi son Traducteur, & le mot *Kané* étoit l'expression la plus propre que pût employer Sanchoniaton, parce qu'elle correspondoit parfaitement à la maniere dont les Anciens considéroient la formation du Monde. Ils la regardoient comme une *génération*.

C'est donc pour avoir jugé, d'après le sens du mot *engendrer* employé par Philon, que le texte Phénicien avoit *plus de raport* avec un texte de Moyse, où il se sert aussi du mot *engendrer*, qu'avec un autre texte où il se sert du mot *créer*, que vous vous êtes écrié ; *comment peut-on le savoir, puisque le texte de Sanchoniaton n'existe plus depuis bien des siècles ? N'est-ce pas EN IMPOSER à ceux qui l'ignorent ?* Faut-il donc, pour vous ouvrir les yeux, vous faire remarquer que ceux qui auroient ignoré avant que de lire mon Ouvrage, que le Texte original n'existe plus, l'auroient appris fort en détail dans mon Ouvrage même, quelques pages avant l'article que vous avez attaqué avec tant d'injustice & tant d'emportement ? Si je ne me suis pas assez clairement expliqué dans une Note qui n'est que de trois lignes, pouviez-vous vous dispenser de donner au moins un coup-d'œil sur ce qui vous en eût dévelopé le sens ? Il ne falloit pour cela ni esprit ni érudition ; l'homme le plus médiocre, mais bien intentionné, n'auroit eu besoin que d'un peu d'attention pour me bien entendre. Pour vous, Monsieur, vous avez préféré au devoir d'être attentif, le plaisir de m'outrager.

» Les explications qu'il donne (1)   Cette maniere de me censurer,

---

(1) Déc. p. 2575.

» de quelques phrases hébraïques, sont si contraires à l'analogie de la Langue, que *le plus médiocre Hébraïsant* en seroit *choqué.* Où M. Gebelin a-t-il pris que מ, *Mi,* signifioit *de ?* Aucune Grammaire ni aucun Dictionnaire ne lui en fourniroient d'exemple. «

toute dure qu'elle est, n'aprend rien ni à vos Lecteurs ni à moi. Ainsi rien ne dédommage de votre ton. Si vous aviez dit que *Mi* en Hébreu n'a aucune signification, ou qu'il signifie autre chose que *de* ; si vous aviez apuyé cette décision de quelques exemples bien ou mal ajustés au dessein de me placer au-dessous *des plus médiocres* Hébraïsans ; le Public vous auroit su gré de l'avoir éclairé sur mon ignorance, & je vous aurois su gré moi-même, ou de m'avoir instruit, ou de m'avoir fourni l'occasion de justifier ce que j'ai avancé. Mais la crainte de vous compromettre, marche toujours de front avec le plaisir de prononcer des décisions *choquantes.*

Si j'étois d'un caractère à suivre un si mauvais exemple, je bornerois ma réponse à une seule phrase : *Où avez-vous pris,* vous dirois-je, *que* MI *ne signifie pas* DE ? Combien de gens seroient hors d'état de se décider entre votre question & la mienne ? Mais si je suis dans l'ignorance, je ne cherche point à la masquer. Je pense qu'il y a moins à perdre à se compromettre par défaut de savoir, que par défaut de candeur. Je vais donc m'expliquer. Et comme tous les Lecteurs ne sont pas des *Hébraïsans* supérieurs comme vous, ni même au-dessous de la médiocrité comme moi, je commencerai par puiser dans notre propre Langue les moyens d'évaluer & votre question, & les réponses que je tirerai ensuite du peu que je sais comme *Hébraïsant.*

Suposons que, pour expliquer une phrase de notre Langue, on fût dans la nécessité d'en décomposer certains mots & de les rapeller à leurs élémens ; suposons encore qu'en les décomposant, quelqu'un dît que le mot *in* est équivoque en François ; que c'est une *préposition* souvent *négative* ; mais qu'elle répond quelquefois à notre préposition *dans* : un Journaliste, tant soit peu instruit du système général de la formation des Langues, diroit-il à celui qui auroit donné cette explication, *où avez-vous pris que* IN *est un mot négatif, ou qu'il signifie* DANS ? *Aucune Grammaire, aucun Dictionnaire ne vous en fourniroient d'exemples.* Si cependant, cette savante & lumineuse question étoit proposée, croyez-vous, Monsieur, que ce que vous allez lire ne fût pas une réponse suffisante ?

IN , est une préposition *Latine* qui s'est conservée dans des phrases *prises du Latin,* & qui ont passé sans altération dans notre Langue, comme *in pace,* in-folio.

folio. C'eſt ce que vous trouverez *ſans peine* dans le Dictionnaire de l'Académie Françoiſe. Mais, *in* n'eſt point un mot François. On le chercheroit inutilement comme tel dans nos Gramniaires & dans nos Dictionnaires. C'eſt une *prépoſition* qui entre dans la formation de pluſieurs mots. Elle eſt *négative* dans ceux-ci, *in-faillible*, *in-ſuportable*, *in-juſte*, *in-décent*, *in-civil*, *in-capable*. Elle ſignifie DANS lorſqu'elle ſe compoſe avec les mots ſuivans, *in-vaſion*, *incident*, *in-cruſtation*, *in-hérence*, *in-jection*, *in-fuſion*. Enfin, on peut regarder la même prépoſition comme équivoque dans les mots *indication*, *indemnité*, *inanition*, *incinération*, *inauguration*.

Nous avons auſſi notre prépoſition *di* ou *dis*, qui n'eſt point un mot de notre Langue, mais qui prend des ſens différens en ſe compoſant avec d'autres mots, comme *diſ-convenance*, *diſ-proportion*, *diſ-famation*, *di-minution*, &c.

J'ai, à très-peu de choſe près, la même réponſe à vous faire, ſur la queſtion que vous faites naître au ſujet du mot Hébreu *mi*. Je ne vous ai fait attendre cette réponſe que pour en épargner la lecture à ceux qui s'occupent moins de l'Hébreu que vous & moi, & à qui cette diſcuſſion paroîtroit ſèche & déſagréable. Il eſt juſte de les avertir qu'ils peuvent s'en épargner le dégoût & l'ennui.

Mi eſt dans la Langue Hébraïque, une de ces prépoſitions que les Grammairiens nomment *inſéparables*, & qui ſont toujours placées à la tête d'un mot. Dans ma citation, je l'ai détaché du mot *Kol*, qui ſignifie *tout*, parce que je n'avois pas beſoin de ce dernier mot pour la comparaiſon que je voulois faire.

J'ai dit, מִי מְלַאכְתּוּ, *mi melakth-ou*, au lieu de dire, מִי־כָּל מְלַאכְתּוּ, *mi-Kkol melakth-ou.*

En cela, j'ai agi comme quelqu'un qui ayant à citer cette phraſe Italienne, *è venuto alla cità di Roma*, ſe borneroit à dire *è venuto a Roma*, en détachant *a* de *la*, & omettant *cità*, dont il n'auroit pas beſoin pour remplir l'objet de ſa citation.

Il eſt vrai que j'aurois pu lier le mot *mi* avec celui qui le ſuit, & écrire *mimelakht*, au lieu de *mi melakth*. Mais alors j'aurois altéré le texte. On auroit ſupoſé que je n'aurois rien omis entre *mi* & *melakth*, au lieu que j'omettois *kol*, qui eût donné *mikkol melakth.*

Vous ne deviez donc pas demander où j'avois pris que *mi* ſignifioit *de*, puiſque c'eſt évidemment ſa vraie ſignification dans la phraſe que j'ai citée, & en

H

l'ifolant comme je l'ai fait (†). Tout ce que l'envie de me convaincre d'ignorance pouvoit vous permettre dans cette occafion, c'étoit de vous plaindre, ou
de ce que j'avois ifolé un mot toujours placé à la tête d'un autre & qui doit
y être uni, ou de ce qu'en le détachant je n'en avois pas fait le mot *min*, felon
la prétention des Mafforéthes, qui difent qu'à la tête des mots, *mi* eft toujours
employé pour *min*. Mais alors je ferois retombé, par un autre côté, dans l'inconvénient d'altérer le texte qui porte *mi* & qui ne porte pas *min*. D'ailleurs,
j'aurois commis une faute qui auroit *choqué* les doĉtes *Hébraïfans* : car il eft très-
certain, quoi qu'en difent les Mafforéthes, que *mi* n'eft jamais pris pour *min*,
& que *mi* eft un mot diftinĉt. Toutes les fois que ce mot *mi* eft à la tête d'un
mot qui commence par une confonne, comme *k* ou *l*, *mi* refte tel qu'il eft ;
tout fon effet eft de faire redoubler la confonne du mot auquel il eft joint, *mi-
k-kol* au lieu de *mi-kol*, *mi-l-lehem* au lieu de *mi-lehem*. Lorfqu'au contraire
mi fe trouve à la tête d'un mot qui commence par une voyelle, ou, comme
difent les Mafforéthes, *par une gutturale*, *mi* eft employé feul & fans aucune
addition au mot auquel il eft joint, *mi-az*, *mi-ejoth*, *mi-houtz*. Cependant,
s'il étoit vrai que *mi* fût toujours employé pour *min*, ce feroit le cas de dire,
pour éviter le concours des voyelles, *min-az*, *min-ejoth*, *min-houtz*. Le redou-
blement de la confonne dans *mi-k-kol* n'eft donc point un remplacement de la
lettre *n* du prétendu mot *min*, comme dans *col-loquor*, *cor-rodo*, où la premiere *l* eft le remplacement de la lettre *m* de *cum-loquor*, *cum-rodo* ; car la
lettre *m* de *cum* eft confervée dans les mots latins qui commencent par une
voyelle, *com-es*, compagnon ; *com-edere*, manger ; au lieu que la lettre *n* de
min ne fe trouve jamais au devant des mots qui commencent par une voyelle ;
on dit *mi-az*, & jamais *min-az*.

L'ufage de la Langue Hébraïque de redoubler les confonnes des mots lorfqu'ils commencent par une confonne, & qu'ils font unis au mot *mi*, n'exige
donc nullement la fupofition gratuite que *mi* eft employé pour *min*, puifque

---

(†) Voyez la nouv. Méth. Hébr. par Jac. Collombat, 1708. p. 31. » מ Le *mem* fe
» met à la tête d'un mot au lieu de מן *min*... Il fignifie *a*, מן, *par*, *devant*, *à caufe*
» *hors*... «

Voyez Lexic. Hebræo-Latinum à Joh. Leusden. Ultrajeĉt. 1687. p. 397. משאה מן & *à*
vaftatione.

Je ne crois pas devoir multiplier ici les exemples ; les gens inftruits n'en auront pas
befoin.

ce mot ne reparoît pas avec la lettre *n* au devant des mots qui commencent par une voyelle. Cet usage, considéré sous ce point de vue, est très-naturel & conforme au génie de toutes les Langues. Au lieu que la manière dont le présentent les Massoréthes, en fait un usage particulier à la Langue Hébraïque, usage dont on ne voit point la raison, & assujetti à des irrégularités dont il est encore moins possible de rendre raison.

J'avoue que les Massoréthes ne pouvoient faire mieux dans leur siécle, tems où l'on ignoroit absolument qu'une Langue quelconque fût assujettie à des loix claires & fixes : mais il seroit bien étrange que, sous prétexte qu'ils ne pouvoient pas mieux faire alors, on prétendît nous asservir, dans un siécle aussi éclairé que le nôtre, à adopter aveuglément ce cahos de régles & d'exceptions qui ne serviroient qu'à embrouiller ce que nous voyons clairement.

Ainsi, au lieu de dire avec les Massoréthes & avec les Buxtorffs (1) que ᴍɪ est une préposition inséparable qui a pris la place de *min*, & que par cette raison la consonne suivante se redouble ; au lieu d'ajouter ensuite (2) comme une exception à cette régle, que devant les voyelles on le prononce simplement *mi* ; enfin, au lieu d'ajouter encore (3) qu'alors il devient quelquefois *me* ; disons simplement que *mi* est une préposition qui fait redoubler la consonne au devant de laquelle il est placé. On aura une régle simple, claire, conforme à l'analogie des Langues, & qui ne donnera lieu à aucune exception.

Ces détails, & la Note que j'y ai jointe, vous convaincront, je l'espère, que le mot *mi* se trouve dans les Dictionnaires & dans les Grammaires, qu'il signifie, entr'autres choses, *de*, & que je savois ce que je faisois en le traduisant & en le plaçant comme je l'ai fait.

Ce que je viens de vous dire au sujet des mots *Elion* & *mi*, doit, ce me semble, me dispenser d'entrer dans des détails de cette espéce sur quelques autres articles. Je n'ai pas oublié que pour avoir dit que *Mythologie* vouloit dire *Discours sacré* ou *respectable*, vous vous êtes écrié (4), *où M. Gebelin a-t-il pris cette explication du mot* MYTHOLOGIE ? Je l'ai *prise*, Monsieur, où tout le monde prend que *Bible*, mot qui signifie littéralement *Livre*, ne veut jamais dire autre chose que *Livre sacré* ou *respectable*, *le Livre par excellence.* Je n'ai

---

(1) Trés. Grammat. de la Langue Hébr. p. 538.
(2) Ib. p. 549.
(3) Ib. p. 551.
(4.) Nov. p. 2186.

pas non plus oublié que vous vous êtes écrié, *dans quel Auteur* (1) M. Gebe-lin *a-t il pris de pareilles observations sur la racine* POT *? Où existe-t-elle ?* Je ne les ai prises dans aucun Auteur. Ceux qui écrivent & qui se bornent à co-pier ce qu'ils trouvent dans les *Auteurs*, ne font que des plagiats, ou ne pu-blient que d'inutiles centons. J'ai pris mes observations sur la racine POT, dans une source où vous n'aimez pas qu'on aille puiser, c'est-à-dire dans un grand nombre de Langues mortes & de Langues vivantes de l'Orient, du Nord & de l'Occident. J'y ai remarqué que ce monosyllabe entroit, comme base , dans la formation d'une foule de mots; qu'il en étoit manifestement la racine, puisqu'il conservoit par-tout le même sens, au propre & au figuré; que dans les mots plus éloignés du sens immédiat, celui-ci n'exigeoit qu'un peu d'at-tention , pour y être ramené par les régles communes de l'Analogie. Etoit-il nécessaire, pour que ces remarques fussent justes, que *des Auteurs* les eussent faites avant moi ? Enfin, je n'ai pas oublié qu'ayant expliqué pourquoi *Biblos* signifioit dans Sanchoniaton *le Séjour de la lumière* , vous avez imaginé que *j'aurois de la peine à produire des preuves* (2) *de cette explication*, & qu'ayant donné un sens qui vous étoit inconnu, aux mots *Il*, *Bethyl*, *Dagon*, *Atlas*, vous vous en êtes vengé en disant (3), *une telle explication n'est qu'une pure chimère*, *démentie par l'analyse de la Langue Hébraïque*. Mais je ne m'enga-gerai point dans les petits défilés où s'éternisent ces petits combats qu'on nomme la petite guerre. L'homme le moins savant auroit le même droit & la même facilité que vous pour entasser questions sur questions, décisions sur dé-cisions contre mon ouvrage. Des réponses instructives me prendroient beau-coup de tems : *j'aime beaucoup mieux*, pour me servir encore des expressions de M. de Guignes, *m'aprocher de mon but* , *que de m'arrêter ainsi dans la route.* Je vous proteste que votre opinion *personnelle* sur ma profonde igno-rance , ne m'inquiéte nullement sur le sort de mon entreprise ; mais si quel-qu'un, sans esprit de *dénigrement*, me propose quelque doute ou quelque dif-ficulté, je suis prêt à entrer en explication avec lui , ou à convenir que je me suis trompé. Les contradictions de cette espéce n'exciteront en moi que des mouvemens de reconnoissance.

» M. Gebelin apuie son systême (4)   J'ai des reproches de plus d'une

---

(1) Décemb. p. 2582.
(2) Décemb. p. 2580.
(3) *Ib.* p. 2581.
(4) Dec. p. 2589.

» fur une foule d'étymologies, dont *quelques-unes* font *vraies*, mais *mal apliquées* ; d'autres n'ont qu'une *certaine* vraifemblance, & *le plus grand nombre* font *fauſſes* ou *ridicules.* »

eſpéce à vous faire fur cette décifion magiftrale.

1°. Dans les parties de vos Extraits, où vous ne faites qu'indiquer les objets dont je m'occupe, vous me déſignez par le mot *Auteur.* Nous ne pouvons fuivre l'*Auteur* ... il feroit à déſirer que l'*Auteur* ... &c. Mais quand il convient à vos vues d'employer contre moi un ton d'aigreur & de fupériorité, il entre dans votre bienféance d'employer mon nom dans vos phrafes. *Où M. Gebelin a-t-il pris cette explication du mot Mythologie ?* ... *Où M. Gebelin a-t-il pris que ꝂꙂ, MI, ſignifioit DE ?* ... *Dans quel Auteur M. Gebelin a-t-il pris de pareilles obſervations ?* .... &c. D'après ce fyſtême de conduite, j'avoue que, pour être conféquent, vous ne pouviez vous difpenfer de me nommer dans une occaſion où vous afpiriez à perfuader que dans ce que j'ai donné fur les Allégories de Saturne, de Mercure & d'Hercule, il n'y a ni jugement ni juſteſſe, & que le *ridicule* accompagne prefque par-tout mon ignorance en fait d'étymologies.

2°. Il y a beaucoup plus que de l'inexactitude à dire au Public que *j'apuie* mon fyſtême *fur une foule d'étymologies.* Le mot *Etymologie* feroit-il pour vous le fynonyme de *Traduction ?* Pourquoi recourrois-je aux Etymologies dans ces occaſions ſi fréquentes, où il me fuffit, pour rendre à une Allégorie le fens clair qu'elle eut primitivement, de la débarraſſer de la fauſſe idée que des noms de chofes, font des noms d'hommes ? Que me faut-il de plus, que d'avertir par une ſimple traduction de ces prétendus noms d'hommes (†), qu'on lit une *defcription* au lieu qu'on s'imaginoit lire une *hiſtoire ?*

3°. Le principal devoir d'un Journaliſte eſt de faire une efpéce d'Analyfe ou d'Extrait, dans lequel il a foin d'expliquer le genre & l'étendue de la matière ; de fpécifier l'ordre & la méthode de l'Ouvrage ; d'indiquer les nouveautés & les ſingularités des différentes parties ; & lorfqu'il s'agit d'Ouvrages de Littérature, de faire fentir le goût & le ſtyle de chaque Écrivain. Il doit, en travaillant étouffer toute paſſion & toute partialité ; fe dépouiller de fon propre intérêt &

_____

(†) Elion, en Grec *hypſiſtos,* le *Très-Haut. Berouth,* création. *Uranus,* le Ciel. *Ghé,* la Terre. *Thémis,* la Juſtice. *Thétis,* la nourricière. *Latone,* la cachée. *Eimarmené,* la Fortune. *Hora,* la beauté. *Perée,* fertilité. *Muth,* mort. *Bethyl,* vierge. *Dagon,* froment. *Cabires,* forts, puiſſans, en Latin *Magnates,* &c. &c.

de son propre goût ; montrer en tout de la fidélité, de la droiture, de la bonne foi, vertus nécessaires à tout homme d'honneur, & *doublement nécessaires* A TOUT JOURNALISTE (1).

On a mis en question, si un Journal ne devoit pas contenir *quelque manière de jugement, quelque sorte de jugemens*. La raison de douter étoit que dans les éloges, dans les critiques, dans les jugemens, il seroit difficile d'éviter certain air d'autorité *qui ne sied jamais aux Particuliers*, ou certaine aparence de *présomption* qui révolte *toujours* l'orgueil *commun* ; que les Gens de Lettres ne passeroient pas le seul nom de *Tribunal* où l'on s'arrogeroit une Jurisdiction *souveraine* sur ce que leur République a de plus précieux, leur renommée & leur amour-propre, parce qu'à leur égard *le Public est le seul Juge souverain*.

Cette question, si c'en est une, porte avec soi la réponse dans ces expressions, *quelque manière de jugement, quelque sorte de jugemens*. Quel est le Savant, quel est l'Homme de Lettres à qui il soit interdit de dire ce qu'il pense d'un Ouvrage qui paroît ? Et que seroit-ce qu'un Journaliste qui ne mériteroit pas le titre de Savant ou d'Homme de Lettres ? Mais en disant *ce qu'il pense* d'un Ouvrage, il ne publie proprement que son *opinion personnelle*. Il y auroit un orgueil insuportable à la proposer au Public comme un *jugement*. Cette *manière de jugement*, qui consiste à dire son opinion, seroit même un attentat aux droits du Public, si elle n'étoit pas accompagnée de circonspection & de modestie. La manière la plus décente & la plus utile de remplir ce devoir, est sans doute de rapeller au Lecteur, en faisant un Extrait, les principes semblables ou contraires, établis dans des Traités faits antérieurement sur la même matière ; les discussions auxquelles la diversité des principes a donné lieu, & enfin l'opinion qui paroît avoir été la plus généralement adoptée sur les questions qui sont restées indécises. Il résulte de ce travail, lorsqu'il est fait par un Journaliste capable & impartial, qu'on a sous les yeux son avis, sa façon de penser, une *manière de jugement*, ou plutôt l'instruction préliminaire du jugement que doivent porter les Lecteurs. Alors la fonction du Journaliste n'est pas bornée à faire de *vagues Sommaires de Chapitres*, des espéces de *Tables froides & séches* ; & le droit acquis au Public d'être le Juge des Ouvrages qui lui sont livrés, n'est pas orgueilleusement usurpé par un seul homme.

Tout Journaliste qui, par quelque motif que ce soit, croit devoir franchir ces limites, qui entreprend de contredire & de juger de son chef, qui ne raporte

---

(1) Voyez le Journ. des Sav. du 9 Août 1706. p. 485. & suiv.

d'un Ouvrage que ce qui peut fe prêter à fes contradictions, à fon jugement ; un tel Journalifte, dis-je, ne mérite plus la foi & les égards qui ne font dûs qu'à l'impartialité. Ce n'eft plus un Raporteur; c'eft un Adverfaire. Devenu Écrivain Polémique, il contracte envers le Public & envers l'Auteur qu'il attaque, l'obligation de juftifier par des autorités & par des raifonnemens, le rôle étranger qu'il a volontairement préféré. Le Public n'eût jugé que l'Ouvrage ; il faut le mettre en état de juger à la fois & l'Ouvrage & le Cenfeur généreux ou imprudent, qui s'eft dévoué pour la gloire & l'utilité des Lettres, ou qui a abufé de fa fonction propre pour fervir fes paffions ou fes opinions.

D'après ces principes, que je crois fondés fur la raifon & fur la bienféance, il ne fera pas difficile de tracer la conduite que vous deviez tenir.

Vous deviez indiquer quelques-unes des étymologies que vous reconnoiffez pour *vraies*, & dire en quoi vous les jugez mal apliquées ; marquer celles qui, félon vous, n'ont qu'une *certaine vraifemblance*; & expliquer ce que vous entendez par ces mots vagues, *une certaine vraifemblance* : donner des exemples de celles que vous imaginez être *fauffes*, & dire pourquoi elles vous ont paru telles. Enfin, puifque vous n'avez pu refifter au plaifir de publier qu'il y en avoit de *ridicules*, vous deviez tâcher de faire excufer, par des motifs quelconques, une épithète dont le moindre défaut feroit d'être fuperflue, & de déceler quelque paffion fecrette. En effet, Monfieur, fi des étymologies étoient abfolument fauffes, croyez-vous que les Lecteurs que vous en auriez bien convaincus, euffent quelqu'intérêt à favoir de plus qu'elles font *ridicules* ? La preuve que vous donneriez, que *le plus grand nombre* des étymologies font *fauffes*, jetteroit l'Ouvrage dans un jufte décri. La preuve qu'elles font ridicules fe réduiroit au dénigrement de l'Auteur, & je ne puis me perfuader que vous ayez le plus léger droit de vous ériger en Cenfeur public des perfonnes. Des Gens de Lettres, qui s'y connoiffent bien, ont fait imprimer en 1765, qu'*un Journalifte plaifant, eft un plaifant Journalifte.* A quoi ils ajoutent, *qu'il laiffe là le ton fatyrique qui décéle* TOUJOURS *la* PARTIALITÉ ! ... *Qu'il fache remarquer les fautes, mais qu'il ne diffimule point les belles chofes qui les rachétent* ... *Qu'il ne prenne point la chicane de l'Art pour le fonds de l'Art* ... *Qu'il loue fans fadeur; qu'il reprenne fans offenfe.*

Permettez, Monfieur, que je revienne à la charge fur le devoir indifpenfable de rendre raifon de vos opinions, au moment où vous avez dépouillé le caractère de Journalifte pour jouer le rôle de Juge. La feule excufe que vous puiffiez aporter, eft que vous avez cru devoir inftruire le Public & le garantir du danger de fupofer quelque folidité à mon travail. Mais comment avez-vous pu vous flatter d'*inftruire* par des décifions féchement defpotiques ? Le Public verra t-il nettement, en lifant fix lignes au plus dans votre Extrait, qu'il me feroit facile de prouver, 1°. que celles de mes étymologies que vous avouez être *vraies*, font en même tems bien apliquées ; 2°. qu'avec un peu de favoir, un bon efprit & de l'impartialité, on reconnoîtroit la vérité dans celles où vous n'avez entrevu qu'une *certaine vraifemblance* ; 3°. que s'il m'eft échapé quelques étymologies *fauffes*, elles ne forment pas *le plus grand nombre* ; que par conféquent, les racines, le tronc, la tête de l'arbre que vous voudriez anéantir, fubfifteroient en entier, quand même il faudroit en élaguer quelques branches furabondantes ; 4°. qu'il n'y en a aucune qui foit *ridicule* en elle-même, ni qui puiffe l'être dans un Ouvrage de la nature du mien ; qu'elles ne vous ont paru *ridicules* que lorfqu'elles ont porté fur des mots d'un ftyle familier ou populaire, ou peut-être lorfque vous n'en avez pas trouvé le fon harmonieux ? Je fais qu'à des efprits d'un certain ordre, les mots de cette ef-péce peuvent paroître *ridicules* ; c'eft peut-être dans ce deffein, que vous avez cité, fans cependant les qualifier, les mots *Damoifel* ou *Damoifeau*, *Bedeau*, *Matamore*, *Pot*, *Marché*, *Marqueur*. J'avoue que je ne puis penfer que cette vraie ou fauffe délicateffe d'oreille doive être comptée pour quelque chofe dans un Ouvrage fondamental fur l'origine des Langues, fur les raports qu'elles ont entr'elles, fur les mots radicaux qui les ramenent toutes à la Langue Primitive. Le plus grand & le plus méprifable des *ridicules* feroit peut-être de facrifier le fonds des chofes par égard pour une fenfibilité fi puérile.

» L'enthoufiafme, l'imagination, l'ef-prit de fyftême (1), font *fans ceffe* égarer l'Auteur.. Il ne voit, comme nous l'avons dit, que l'*Agriculture* dans la Mythologie; d'autres, dans ces derniers tems, n'y ont vu que le *grand-œuvre...* Ce font des écarts de l'efprit humain, qui occupent *un moment* le Lecteur ; mais qui font bientôt abandonnés, *pour tomber dans l'oubli.* »

Je ne répondrai point à cet amas d'injures : je vous rapellerai feulement que dans vos Extraits, tout infidéles qu'ils font, vous avez été forcé d'avouer que, l'*Agriculture* n'eft pas le feul objet que j'ai vu dans la Mythologie. Je vous ai fait remarquer de plus qu'il n'a tenu qu'à vous de voir dans mes explications, le *Commerce maritime* dans l'hiftoire des *Diofcures*; l'*Aftronomie* dans celle de *Mercure* ; & par l'idée que je donne des fables de Pofeidon, de Bacchus, de Minerve,

(1) Déc. p. 2590.

d'Efculape,

d'Efculape, &c. vous vous feriez convaincu que j'y voyois l'hiftoire de la *Pêche*, de la *Vendange*, des *Fabriques* & des *Manufactures*, de la *Médecine*, de la *Chaffe*, &c.

Je vous ai dit auffi ce que je penfe & ce que penferont tous les gens fenfés & honnêtes, du raport exact que vous trouvez entre une foule d'Ecrivains auffi refpectables par leur fageffe que par leur favoir, & quelques *Vifionnaires* à qui les Ouvrages d'Homère n'ont paru qu'*un corps de doctrine, & une fuite de procédés chymiques.* Je ne puis m'empêcher d'ajouter qu'il faut que l'affimilation de Philofophes éclairés, aux *Vifionnaires* entêtés du *grand-œuvre*, vous ait paru bien jufte, bien agréable, puifque vous y revenez avec tant de complaifance.

A l'égard de l'horofcope que vous faites de mon Ouvrage, on peut, ce me femble, regarder comme une imprudence aftrologique, l'affurance que vous donnez au Public que c'eft un de ces *écarts* de l'efprit humain, *qui font bientôt abandonnés pour tomber dans l'oubli.* Il fe trouve de tems en tems, pour tous les genres de Littérature, des Aftrologues qui réduifant la fphère du Public à la leur, débitent avec confiance des prédictions de l'efpèce de la vôtre. *Ne dites point, avec l'Abbé de Saint-Pierre, que dans cinquante ans on ne jouera plus les Pièces de Racine* (1). C'eft à un Journalifte qui demandoit des régles de conduite, qu'un homme très-fupérieur a donné ce confeil. Il eft fuivi de beaucoup d'autres dont vous croirez peut-être devoir profiter.

« *Sur-tout*, en expofant des opinions, en les apuyant, en les combattant, » *évitez les paroles injurieufes* qui irritent un Auteur, & fouvent toute une » Nation, *fans éclairer perfonne*....

» Vous vous garderez bien fans doute de fuivre l'exemple de quelques Ecri» vains Périodiques, *qui cherchent à rabaiffer* tous leurs *Contemporains*, & à » *décourager* les Arts dont *un* BON *Journalifte doit être le foutien*....

» *Prouvez folidement* ce que *vous en penfez* (d'un Ouvrage), & *laiffez au* » *Public* le foin de prononcer l'*Arrêt*. Soyez *fûr que l'Arrêt fera contre vous* » toutes les fois que vous *déciderez fans preuves*, quand même vous auriez rai» fon ; car *ce n'eft pas votre jugement qu'on demande*, mais le raport d'un pro» cès *que le Public doit juger*. »

Ces préceptes font fi fages, que je n'aurois pu mieux faire que de m'y conformer dans cette Lettre, quoique je ne fois point Journalifte. Si, contre mon

(1) Œuvr. de M. de Volt.

E

intention, je m'en fuis écarté, j'espère qu'on me croira digne de quelqu'in-dulgence. Je n'ai jamais eu de démêlés littéraires avec personne ; ainsi quoique j'ignore votre nom, je puis assurer que je n'en ai jamais eu avec vous. Vous êtes l'aggresseur, & je n'exagérerai rien en disant que vous êtes un aggresseur bien amer. Vous vous êtes arrogé le droit de prononcer contre moi le ban de l'*Ostracisme*, moi qui n'ai jamais troublé la République des Lettres, & qui suis bien éloigné de croire que mes Ouvrages puissent exciter l'ambition ou la jalousie de qui que ce soit. Aucun Citoyen, *Hyberbolus* même, a-t-il jamais été banni de la République d'Athènes, au gré des passions d'un seul Citoyen (1) ? N'étoit-ce pas un devoir étroit que d'attendre avec respect le jugement du Public ?

La sensibilité d'un homme qui cultive les Lettres sans ostentation, sans am-bition, sans Prôneurs, peut être portée trop loin, lorsqu'il se voit déchiré avec acharnement au premier effort qu'il fait pour se rendre utile. *Il faut avoir raison & demi quand on attaque*, disoit M. de Mairan pour justifier la vivacité qu'il témoignoit contre un Geomètre célèbre qui l'avoit attaqué. C'est un premier feu que la Nature allume, qu'elle excite, & que la raison ou le mépris n'é-teignent que par dégrés.

A présent, Monsieur, que la fureur d'attaquer & le droit de se défendre ont occupé la scène, j'ose me flatter qu'elle n'offrira de votre part & de la mienne que des spectacles plus utiles. Bornez-vous à relever les méprises qui m'échape-ront, à m'éclairer sur mes erreurs ; je ne combattrai que pour la vérité, jamais pour la victoire, & je publierai mes défaites avec joie, avec reconnoissance.

Je suis, &c.   *Paris*, 15 *Juin* 1774.

---

(1) Plutarque, Vie d'Alcibiade.

LISTE
DE MM. LES SOUSCRIPTEURS,
PAR ORDRE ALPHABÉTIQUE.

FAMILLE ROYALE.

Monfeigneur le Comte de PROVENCE.

Madame la Comteffe de PROVENCE.

Monfeigneur le Comte D'ARTOIS.

Madame ADELAÏDE.

Madame VICTOIRE.

Madame SOPHIE.

Monfeigneur le Duc de CHARTRES.

Monfeigneur le Duc de PENTHIÉVRE, Grand Amiral , &c.

Sa Majefté le ROI de SUEDE.

S. A. S. Mgr. le Margrave de BADEN.

S. A. S. Mgr. le Prince D'ORANGE & de NASSAU, Stathouder Hérédi-
taire & Amiral Général des Provinces-Unies , *pour deux Exemplaires.*

A.

M. ABEILLE , Secrétaire du Bureau du Commerce.

L'ACADÉMIE Royale des SCIENCES de BORDEAUX.

M. le Comte d'AFFRY , Lieutenant-Général des Armées du Roi.

M. le Chev. d'AGUESSEAU, Colonel.

M. ALARD, de Bergerac.

M. A m o u r o u x, Chirurgien à Bordeaux.

M. le Chev. d'A r c.

M. le Chev. d'A r c y, Maréchal de Camp, & de l'Académie Royale des Sciences.

M. Edouard A s h, à Bristol.

M. le Comte d'A s p r e m o n t, à Mont-Luçon.

Don A s v e d o, Négociant à Bordeaux.

M. le Baron d'A t h i è s, Receveur-Général des Domaines & Bois de la Flandres.

Madame la Vicomtesse d'A u b u s s o n.

M. le Duc d'A u m o n t.

M. A v i n s, Libraire à Saint-Malo, *pour quatre Exemplaires.*

B.

M. B a c h a n, Négociant à Bordeaux.

Sir Nathanaël B a i l e y, Baronet.

Rev. Dr. B a i l e y, à Londres.

M. Weston B a i l e y, à Bristol.

Joseph B a n k s, Esquire (1).

Rév. Chr. Isaac-John B a r n o u i n, *de Southampton.*

M. B a r r e t de R i v e z o l, Conseiller à la Cour des Aides de Bordeaux.

M. B a r r e t t, à Bristol.

Rev. Dr. B a r r y, à Bristol.

M. l'Abbé B a r t h e l e m y, de l'Académie Royale des Inscriptions & Belles-Lettres, Garde du Cabinet des Médailles du Roi, &c.

M B a s t e r r e, Féodiste de l'Hôtel-de-Ville de Bordeaux.

M. l'Abbé B a u d e a u.

Mademoiselle de B e a u m o n t, Lectrice de Mesdames.

M. B e a u z é e, de l'Académie Françoise & Professeur de l'Ecole Royale Militaire.

---

(1) Nom de qualité, chez les Anglois, qui répond à celui d'Écuyer. Les noms Anglois, qui ne sont point accompagnés de noms de lieux, comme celui-ci, désignent des Personnes qui demeurent à Londres.

M. le

M. le Marquis de B ELLENGRÉVILLE.

M. BILOT, Doct. en Med. Prof. en Chymie au Collége Royal.

Madame BENEZET, à Bordeaux.

M. le Comte Orlando del BENINO, à Florence.

M. BERGERET, aîné, Imprimeur - Libraire à Bordeaux, *pour trente-un Exemplaires.*

M. l'Abbé BERGIER, Chanoine de Notre - Dame, Confeffeur de Madame.

M. BERGIER fon Frere.

M. le Baron de BESENVAL, Lieutenant-Colonel des Gardes Suiffes, Commandeur Grand-Croix de l'Ordre de St. Louis.

M. BESSON, Huiffier ordinaire de Madame Victoire.

Rev. M. Samuel BEUZEVILLE, à Londres.

BIBLIOTHÉQUE de la Ville & République de BERNE.

BIBLIOTHÉQUE des Bénédictins de Saint - Denis.

M. BIDAULT, Huiffier de la Chambre du Roi.

M. BIGNON, Bibliothéquaire du Roi.

M. Mene BIRAN, Doct. en Médecine, à Bergerac.

M. BORDERIE, Négociant à Bordeaux.

M. BORNET, Peintre en Mignature & en Email.

M. de BORVILLE, Avocat & de la Société d'Agriculture de Chartres.

Edmund BOTT, Efquire.

M. BOUDET, Imprimeur - Libraire, *pour vingt-cinq Exemplaires.*

M. BOUDET, Avocat à Bordeaux.

M. BOURGEOIS (1).

M. BOURGEOIS, de l'Académie Royale de la Rochelle.

M. BOUSAT de Fombanide, ancien Capitaine d'Infanterie.

M. BOUTIN, Intendant des Finances.

Thomas BOWDLER, Efquire, à Bath, *pour deux Exemplaires.*

M. Jean- Jacques BOYER, Négociant à Bordeaux.

M. l'Abbé BREMONT, Chanoine de Notre - Dame de Paris.

---

(1) Les noms François qui ne font point accompagnés de noms de lieux, défignen des Perfonnes qui habitent à Paris.

LISTE

Mgr. de BRETEUIL, Evêque de MONTAUBAN.

M. de BRETIGNIERES, Marquis du Rosay.

M. le Chev. de BREVON.

M. le Président de BROSSES, de l'Académie Royale des Inscriptions & Belles - Lettres.

M. Frédéric Guillaume de la BROUE, aîné, Ancien Pasteur de l'Eglise Wallonne de Breda, & actuellement Premier Chapelain de LL. HH. PP. dans leur Ambassade en France.

M. Otto Henri de la BROUE, frere du précédent, Pasteur de l'Eglise Wallonne de Tergoës, Ville de Zeelande dans la République de Hollande.

M. BRUSSET.

Jacob BRYANT, Esquire, *pour deux Exemplaires.*

M. de BURE Saint-Faubin, Libraire.

C.

M. le Marquis de CABRIS.

M. le Marquis de CALMESNIL, à Caën.

M. CAPPLER, Professeur en Langue Allemande, à l'Ecole Royale Militaire.

M. le Marquis de CARAMAN.

M. CAZE, Docteur en Médecine à Bordeaux.

M. CHANORRIER, Receveur-Général des Finances. |

Madame de CHANTEMERLE.

M. le Comte de la CHAPELLE.

MM. CHAPUIS Freres, Imprimeurs-Libraires à Bordeaux, *pour quatre Exemplaires.*

M. Guillaume CHARON, à Londres.

M. CHARRIERE,

Madame de CHATEAU-CHINON.

Mgr. de CICÉ, Evêque de Rhodez.

Mgr. de COETLOSQUET, ancien Evêque de Limoges, premier Aumônier de Mgr. le Comte de Provence, & de l'Acad. Franç.

M. le Baron de COLENBACH, à Vienne.

M. COSTEL, Maître en Pharmacie.

Madame la Duchesse de Cossé, Dame d'Atours de Madame la Dauphine.

M. de Cotte, Officier aux Gardes.

M. Cousin, de l'Académie Royale des Sciences, Professeur au Collége Royal, & à l'Ecole Royale Militaire.

Miss Cowper, d'Irlande (3).

Rev. M. Cox.

M. le Marquis de Crequi.

M. le Comte de Creptowitz, Chevalier de St. Stanislas, Vice-Chancelier de Lithuanie.

Daniel Crespin, Esquire, à Bath

John Curtis, Esquire, à Bristol.

M. Cuvillier, à Paris.

D.

M. Daiguillon, Controlleur de la Maison du Roi, & Gendarme de sa Garde.

Rev. Dr. Dampierre.

M. de Dangeul, Secrétaire des Commandemens de Mgr. le Comte de Provence.

M. Dangirard, Négociant à la Rochelle.

M. Compere Dassau, Avocat en Parlement à Bordeaux.

M. Dauzel, Avocat à Abbeville.

Rev. Mr. Charles Davy.

M. Deseret, à Londres.

M. Desmont, Négociant à Bordeaux.

M. Samson Desotteux, à Abbeville.

M. Despinassoux, au Vigan.

M. Despujols, Ancien Secrétaire du petit Séminaire à Bordeaux.

M. de la Deveze, à Ganges.

MM. Dickinson, à Bristol.

M. Diderot.

M. Dromgold, Mestre de Camp de Cavalerie, & Chevalier de l'Ordre Royal & Militaire de Saint Louis.

---

(3) Ce titre de Miss est relatif à celui de Demoiselle.

M. DUBUISSON, Laboureur.

Madame la Veuve DU CHESNE, Libraire, à Paris, *pour douze Exemplaires.*

M. DUFAUR, Docteur en Médecine, en Béarn.

M. DUFOUR, Négociant à Abbeville.

M. DUFOUR, Libraire à Maestricht, *pour quatre Exemplaires.*

M. DUGAS, en Saintonge.

M. DUPATY, ancien Avocat Général au Parlement de Bordeaux.

M. DUPONT, Conseiller Aulique de S. A. S. le Margr. de Baden, & de plusieurs Académies.

M. DURAND Neveu, Libraire.

M. DURAND, ancien Officier d'Infanterie, à Bordeaux.

M. DURANTEAU, Avocat en Parlement, à Bordeaux.

Madame la Marquise de DURFORT, Dame d'Atours de Mesdames.

M. Pierre DUTILH, Négociant à Bordeaux.

M. DUVAL, Chirurgien ordinaire de Madame la Comtesse de Provence.

E.

M. d'ECASEUL, à son Château de la Fresnaye, proche Falaise.

M. le Comte d'EGMONT.

M. ENGEL, du Conseil Souverain de Berne, ancien Seigneur-Baillif d'Echalens.

M. le Comte d'ESCLIGNAC.

M. le Vicomte d'ESCLIGNAC, Maréchal de Camp.

M. d'ESPAGNAC, Abbé de Coulom.

F

M. de FALAISEAU.

M. Samuel FARR, Doct. en Médecine à Bristol.

MM. FAURE, Négocians, à Bordeaux.

Madame de FAUVILLE, à Versailles.

Mademoiselle de FAVEROLLES.

M. le Marquis de FELINO.

M. FERÈS, Premier Valet de Chambre, Bibliothécaire & Lecteur de Mgr. le Comte de Provence.

Mr FILHOL, Négociant, à Bordeaux.

Rev. M. de la F L E C H E R E, à Madeley, Comté de Shrop.

M. de F L E S S E L L E S, Intendant de Lyon.

M. le Docteur F R A N C K L Y N, de la Société Royale de Londres, & de l'Académie des Sciences de Paris.

M. F R E Y, Chevalier de l'Ordre Militaire du Mérite, & Capitaine au Régiment Suiffe de Brocard.

M. l'Abbé F R I C H M A N N, Aumônier ordinaire de Madame Adelaide.

Madame la Comteffe de F R O U L A Y.

G.

M. G A D R O Y, à Bordeaux.

M. de G A R S E L L E S, au Château de Garfelles, près de Caen.

Rev. M. G A U T I E R, à Briftol.

M. le G É N É R A L D E S P R É M O N T R É S.

M. G E N E T, Chef du Bureau des Interprètes aux Affaires Etrangeres.

M. G E N E V O I S, Premier Commis du Domaine du Roi, à Bordeaux.

M. G E O F F R O Y de L I M O N, Chevalier, Intendant des Maifon, Domaine & Finances de Mgr. le Comte de Provence.

M. G E O F F R O Y, Grand - Maître des Eaux & Forêts du Département d'Alençon.

Madame la Princeffe de G H I S T E L L E.

Rév. M. G I B E R T, à Londres.

M. Fitz G I B B O N, Docteur en Médecine, à Bordeaux.

M. G I R A R D, Contrôleur de la Maifon du Roi.

M. G I R A R D, Curé d'Efcubley, près Laigle.

M. de G I S A C, à Londres.

Rév. M. G O D E F R O Y, à Guernezey.

M M. Pierre G O S S E junior, & de P I N E T, Imprimeurs-Libraires, à la Haye, *pour douze Exemplaires;*

M. G O U D A L, Négociant à Bordeaux.

M. de G O U R G U E S, ancien Préfident du Parlement de Bordeaux.

M. la G R A V E R E la Tour, Négociant à Bordeaux.

Madame de la G R A N G E T T E.

Rév. Mr. G R I F F I N, à Londres.

M. G R O S S E T, Intendant de M. le Maréchal Duc de Lorges.

MM. G w a t k i n, à Briftol.

M. G u y pere, Notaire Royal, à Bordeaux.

M. G u y fils, Notaire Royal, à Bordeaux.

M. G u i l l o n fils, Négociant à Bordeaux.

M. G u i n a r d, à Ganges.

M. G u y o t, Négociant, à Bordeaux.

H.

M. Joſeph H a r f o r d, à Briftol.

M. H a r m e n s e n aîné, Conſul pour la Suede, à Bordeaux.

Rév. Dr. H a r w o o d, à Briftol.

M. le Comte d'H a u t e f o r t, Grand d'Eſpagne de la premiere Claſſe.

M. H e n n i n, Procureur du Roi, à Verſailles.

M. le Comte d'H e r o u v i l l e, Lieutenant-Général des Armées du Roi.

Right Rév. Doct. H e r v e y, Lord, Evêque de Derry en Irlande.

M. William H e w s o n, Anatomiſte.

M. de H i l l e r i n, Avocat en Parlement, Commis de la Guerre, à Verſailles.

Miſſ H i l l h o u s e, à Briftol.

William H o a r, Eſquire, à Bath.

M. H o g g u e r, Négociant, à Abbeville.

M. le Baron d'H o l b a c h.

M. H o s t e n, Avocat en Parlement, à Bordeaux.

M. H u g u e n i n, Profeſſeur à l'Ecole Royale Militaire.

M. H u r s o n, ancien Intendant de la Marine.

M. Jacques H u t t o n, de Chelſea.

I.

M. d'I f s, de l'Académie Royale de Caën.

M. James I r e l a n d, Négociant, à Briftol.

J.

M. J e a n s, Aggrégé du Collége nouveau d'Oxford.

Rev. M. Thomas J o h n e s, à Briftol.

M. J O H N S T O N fils , Négociant à Bordeaux.

M. J O L Y, Garde du Cabinet des Eſtampes du Roi.

M. R. J O N E S, à Londres.

M. J O N V A L S, à Ganges.

M. J O S S E N A Y, à Verſailles.

M. J O U A N N È S, Libraire à Chartres , *pour douze Exemplaires.*

M. J O U R N E T, Maître des Requêtes , Intendant d'Auch.

M. J O U R N E T, en Béarn.

Rev. Dr. J U B B.

M. J U L I A N , Négociant à Nîmes.

K.

M. K E L L Y , Doct. en Théol. de la Faculté de Paris , Supérieur des Clercs Irlandois au Collège des Irlandois.

M. de K E R A L I O.

M. l'Abbé Mathieu-Joſeph K O L B, Candidat en Théologie , &c. ancien Curé & Perſonnat du Comté Souverain de l'Empire de Gronsfeldt, près de Maeſtricht.

M. Henri K U H L , Négociant , à Bordeaux.

L.

M M. Les Freres L A B O T T I E R E , Imprimeurs- Libraires, à Bordeaux, *pour huit Exemplaires.*

M. L A C O S T E aîné , Négociant, à Orthez.

M. L A L A N N E, Avocat en Parlement, ancien Jurat & Citoyen, à Bordeaux.

Madame L A M A T A B O I S, à Orthez.

M. le Marquis de L A M B E R T , Colonel du Régiment de Berry Cavalerie.

M. L A M Y , Avocat en Parlement.

M. Iſaac L A R O Q U E , Négociant, à Bordeaux.

M. de L A S S O N N E, Premier Médecin de Madame la Dauphine & de l'A- cadémie des Sciences , &c.

M. L A T A N É, Docteur en Médecine, à Bergerac.

M. L A U V A I N de Montplaiſir.

M. le Duc de L A U Z U N.

M. L E B U C H É, Libraire,

M. Le c l e r c, Libraire.

M. L e c œ u r, Greffier des Bâtimens.

M. l'Abbé L e r i c h e, Docteur en Théologie, & Deſſervant de la Paroiſſe du Gros-Caillou.

M. L e v e i g n e u r, Avocat.

Rév. M. L e e, à Briſtol.

M. le Marquis de L e s c u r e.

M. L e y d e n F r o s t, Négociant, à Bordeaux.

M. L i e n a u, Négociant, à Bordeaux.

Madame la Princeſſe de L i g n e s.

M. L o n g m a n, à Londres.

M. de L o s m e, à Verſailles.

M. l'Abbé L o u r d e t, Profeſſeur en Hébreu au Collége Royal, & Cenſeur Royal.

Right Révérend Docteur L o w t h, Lord, Evêque d'O x f o r d.

M. Charles de L o y s, à Lauſanne, *pour trois Fxemplaires.*

M. Abraham L u d l o w, Docteur en Médecine, à Briſtol.

M. L u e t k e n s, Négociant, à Bordeaux.

M. L u m i e r e, Avocat en Parlement, à Bordeaux.

M.

M. M a c h e l a r d, Directeur des Aides, à Verſailles.

Rév. Dr de M a j e n d i e.

M. M a i l l a r d, Docteur en Médecine à Aix-la-Chapelle.

M. le Marquis de M a n d r a g o n, Premier Maître d'Hôtel ordin. du Roi.

Madame de M a r c h a i s.

M. de M a r c h e v a l, Intendant de Grenoble.

M. M a r g a r o t, à Exceſter.

Le R. P. Benoît M a r i e de Rome, Secrétaire Général des Capucins.

His Grace the D u k e of M a l b o r o u g h.

M. M a r t e a u.

M. M a r t i n, premier Apothicaire du Roi à Verſailles.

M. l'Abbé M a u d o u x, Confeſſeur du Roi.

Mgr. le Prince M a s s a l s k y, Evêque de Vilna.

Williams M e l m o t h, Eſquire, à Bath.   M. M e n t e l l e

M. Mentelle, Profeſſeur en Hiſtoire à l'Ecole Royale Militaire.

M. Merlet, Premier Commis des Finances.

M. Meslin, Commis au Contrôle Général des Finances.

M. Du Mesnil, à Caën en Normandie.

M. l'Abbé de Messac, Aumônier de Mgr. le Prince de Condé.

M. de Messini, à Trévoux.

M. Millet, Avocat.

M. le Marquis de Mirabeau, Grand-Croix de l'Ordre de Vaſa (1).

M. le Bailli de Mirabeau, Commandeur de l'Ordre de Malthe.

M. de Missy, à Londres.

M. le Moine de Clermont, Ecuyer, Huiſſier du Cabinet du Roi.

Madame Montague, à Londres.

M. de Secondat de Montesquieu, Ecuyer. & de l'Académie des Sciences de Bordeaux.

M. le Marquis de Montesquiou, premier Ecuyer de Mgr. le Comte de Provence.

M. le Comte de Montmorin-S. Herem, Menin de Mgr. le Dauphin.

M. le Comte de Montorson-Chabrillant.

M, de Montuclas.

Miſſ More, à Briſtol.

M. l'Abbé Morellet.

M. Morin, ancien Curé d'Anet.

M. de Mornas, Géographe des Enfans de France.

Charles Morton, Eſquire, de la Société Royale & de celle des Antiquaires.

M. de Mosqueros, ancien Conſeiller au Parlement de Navarre.

M. la Motte, à Verſailles.

M. Mouchard, Receveur-Général des Finances.

M. le Marquis du Moustier, Maréchal de Camp.

M. Moutier, Curé de la Chapelle Véronge.

M. Samuel Munckley, à Briſtol.

---

(1) Ordre Agricole établi par le Roi de Suede pour la proſpérité de ſes Etats , & dont le Symbole eſt une *Gerbe* , apellée *Vaſa* en Suédois.

c

LISTE.

N.

M. NAIGEON.

Mgr. de NARBONNE, Evêque de GAP, premier Aumônier de Mesdames.

M. le Vicomte de NARBONNE, Guidon des Gendarmes.

M. de NELLE.

M. NERET, Doyen du Chapitre de Langres.

M. le Marquis de NESLE.

M. de NEUVILLE, Fermier Général.

Right Révérend Thomas NEWTON, Lord, Evêque de BRISTOL.

Williams NICOLLS, Esquire, Barbadoes.

M. l'Abbé NICOLI, Agent du Grand Duc de Toscane.

M. de NIQUET, Premier Président au Parlement de Toulouse.

M. le Duc de NIVERNOIS.

M. le Marquis de NOAILLES, premier Gentilhomme de la Chambre de Mgr. le Comte de Provence, Ambassadeur du Roi auprès des Etats Généraux.

M. le Chevalier de NOÉ.

P.

M. PACAREAU, Chanoine de la Cathédrale de Saint André, à Bordeaux.

Madame de PAILLY.

M. PARAIGE, Avocat, à Orthez.

M. de PARASA, ancien Conseiller du Parlement de Toulouse, de l'Académie Royale de Toulouse.

M. PARENT, Conseiller à la Cour des Monnoies, Député du Commerce, Intendant de la Manufacture Royale des Porcelaines de Séve.

Rév. Mr John PARKUAST.

M. PAUL, à Nimes.

M. le Marquis de PAULMY D'ARGENSON, Ministre d'Etat, & de l'Acad. Franç. &c. Commandeur des Ordres du Roi, &c.

M. PAVIÉ, Libraire à la Rochelle.

M. John PEACH, à Bristol.

M. le Comte de PERIGORD, Prince de CHALAIS, Grand d'Espagne, Chev. des Ordres du Roi, Gouverneur de Picardie, &c.

M. PERNETTY, Directeur des Fermes à Toulon.

M. PHELIPT, Négociant à Bordeaux.

M. PIGACHE, Ancien principal Commis de la Marine, Huissier du Cabbinet de Madame Victoire.

M. du PLANIL, Doct. en Médecine.

Mademoiselle le POIVRE.

M. le Marquis de POMPIGNAN, de l'Académie Françoise, &c.

M. le Marquis de PONTCHARREAU.

M. POPART, Curé de Saint Eustache.

Madame la Princesse de POTOSKY.

M. POTT, Libraire, à Lausanne en Suisse, *pour six Exemplaires.*

M. POULLET, Curé de Marques, près Aumale.

M. PREVOST, Avocat.

M. le Marquis de PUIMARAIS, *pour deux Exemplaires.*

M. le Marquis de PUYSEGUR, Lieutenant Général des Armées du Roi, Commandeur de l'Ordre de S. Louis, &c. *pour trois Exemplaires.*

Q.

M. le Docteur QUESNAY, Premier Méd. du Roi, de l'Acad. des Sciences.

Mgr. de QUINCEY, Evêque du BELLEY.

R.

M. RABEAU aîné, Négociant, à Bordeaux.

M. RAFFENEAU de l'Isle, Notaire.

M. le Colonel RAINSFORTH, Ecuyer de S. A. R. le Duc de Glowcester.

Mademoiselle RAUX d'ORVILLE.

M. RENARD, Employé aux Parties Casuelles.

M. RETZ, Professeur de Langues.

M. Marc-Michel REY, Libraire, à Amsterdam, *pour douze Exemplaires.*

M. RIDEAUXVIEUX, Notaire Royal, à Bordeaux.

M. de la RIVIERE, ancien Intendant de la Martinique.

Madame la Comtesse de ROCHEFORT.

M. le Duc de la ROCHEFOUCAUD.

M. de ROCPINE, Lieutenant-Général des Armées du Roi.

M. le ROI de Petit Val, Ecuyer.

M. le R o i , Lieutenant des Chaffes du Parc de Verfailles.

M. l'Abbé R a l l e t , Bibliothécaire de Mefdames.

M. le Chevalier de R o m a n c e s , Officier aux Gardes Françoifes.

M. le Comte de R o q u e f e u i l , Lieutenant-Général des Armées Navales.

Mgr. de R o q u e l a u r e , Evêque de Senlis, premier Aumônier du Roi & de l'Acad. Franç.

M. le Comte de R o s e n , Maréchal de Camp.

M. R o s l i n , Chef de la Penfion Militaire , à la Barriere Saint Dominique.

M. de R o u x , Garde du Roi, à Verfailles.

M. R o y e r , à Paris.

M. R o z e t , Libraire à Lyon.

M. R u a u l t , Imprimeur - Libraire , *pour trente Exemplaires.*

S.

MM. S a i l l a n t & N y o n , Libraires.

M. le Marquis de S a i n t - A i g n a n .

M. de S a i n t - C é s a i r e , Capitaine des Armées Navales.

M. Bigot de S a i n t e - C r o i x , Intendant de la Maifon de Mgr. le Comte de Provence.

M. S a i n t - E t i e n n e , à Nîmes.

M. le Colonel de S a i n t -Maurice de S a i n t L e u .

Mgr. de S a i n t - S i m o n de Sandricourt, Evêque d'A g d e .

M. le Vicomte de S a i n t V a l l i e r .

M. de S a l g a s , Sous -Précepteur de S. A. R. Mgr. le Prince de Galles.

M. S a l i n s , Docteur en Médecine.

Madame la S a l l e , à Verfailles.

M. le Marquis de la S a l l e , Lieutenant Général des Armées . du Roi , & Gouverneur de la Marche.

Lord S a n d y s ,

M. Francis S a s t r e s , à Briftol.

M. S a u g r a i n , Libraire, *pour vingt-quatre Exemplaires.*

M. de la S a u v a g e r e , de l'Acad. de la Rochelle , Chev. de S. Louis, &c.

M. le Chevalier de S c e p e a u x , Maréchal de Camp, Commandant du Lyonnois & Beaujolois.

M. le Baron de S c h a c h m a n , en Saxe, *pour deux Exemplaires.*

R. SHDWELL, Efquire.

M. leomte Charles de SCHEFFER, Sénateur, Chancelier des Ordres du oi de Suede.

M. ScMIDT d'Avenftein, à Lentzbourg, Canton de Berne.

Madae SCOTT, Sœur de Madame de Montague.

M. S;AUX, Valet de Chambre Bibliothécaire de Madame Victoire.

M. dSELLE de la Carrejade, Tréforier Général de la Marine.

M. lMarquis de SERAN, Brigadier des Armées du Roi.

M. Retz de SERVIERS, Page de la Grande Ecurie.

M. an SIGAL fils, Négociant à Bordéaux.

M. IMONET, Graveur.

RévM. Chriftopher SMEAR.

M. Docteur SOLANDER.

ReDocteur STONEHOUSE, à Briftol.

T

M.e Vicomte de TALARU, Premier Maitre d'Hôtel de Madame la Dauphine.

M.TARGET, Avocat.

M.TARTEIRON, Bourgeois, à Ganges.

M.TENNESON, Avocat au Parlement.

M.e Comte de TESSÉ, Grand d'Efpagne, 1er Ecuyer de Mad. la Dauphine.

M le Marquis de THEMINES.

Mdame des TOUCHES.

M.de la TO·UR, Officier des Gardes du Corps.

M TOURNIÉ, à Londres.

M.TRANCHEPE, Procureur-Syndic de l'Hotel-de-Ville à Bordeaux.

M TRATTNERN, Chevalier du S. Empire, Imprimeur-Libraire à Vienne en Autriche, *pour douze Exemplaires.*

M. Antoine TREGENT, à la Grenade.

M. TRINCANOT, Profeffeur en Mathématiques des Chevaux-Legers, à Verfailles.

Rév. Dr. TUCKER, Doyen de Glowcefter.

M. TURGOT, Maître des Requêtes, Intendant de Limoges.

V

Rev. M. Iſac VALLAT, à Guernſey.

M. le Duc de la VALLIERE.

M Abraham VAN-ROBAIS, pere.

M. André VAN-ROBAIS, *pour deux Exemplaires.*

M. J. A. VAN-ROBAIS.

M. Iſac VAN-ROBAIS.

M. Théophile VAN ROBAIS.

M. le Marquis de VANDEUIL.

M. le Duc de la VAUGUYON, Menin de Mgr le Dauphin.

M. de VENDEUVRE, au Château de Vendeuvre en Normandie.

M. VERON, Négociant à Bordeaux.

M. de VERONNE, Conſeiller au Parlement de Grenoble.

M VIDAL, Avocat a Orthez.

M. de VILLENEUVE.

Arthur de VILLETTES, Eſquire, à Bath.

W.

John WALSH, Eſquire & de la Société Royale, *pour deux Exemplaes.*

Rév. Dr. WARNER.

Samuel WEGG, Eſquire, Vice-Préſident de la Société Royale & de la Société des Antiquaires.

M. Thomas WHITEHEAD, à Briſtol.

Edouard WHITEWELI, Eſquire.

Joſeph WILCOCKS, Eſquire.

M. Samuel WORRALL, à Briſtol.

Y.

Right Révérend Doct. YOUNG, Lord, Evêque de NORWICH.

www.ingramcontent.com/pod-product-compliance
Lightning Source LLC
LaVergne TN
LVHW020951090426
835512LV00009B/1837